Karin Christiane Inderwisch, Dr. phil., geboren 1968, studierte Literaturwissenschaft, Philosophie und Kunstgeschichte. Seit 2007 führt sie ein Augentagebuch ihrer Netzhauterkrankung, um Lichtblicke auf neue Schauplätze zu entdecken. Die Autorin und freie Lektorin liest, schreibt und fotografiert, mit Sehlebenfreude. Sie lebt in München.

Karin C. Inderwisch

SEHLEBEN

Vom NichtSehen und AndersSehen

Ein Augentagebuch

Bibliografische Information der Deutschen Nationalbibliothek:
Die Deutsche Nationalbibliothek verzeichnet diese Publikation in
der Deutschen Nationalbibliografie; detaillierte bibliografische
Daten sind im Internet über http://dnb.dnb.de abrufbar.

Herstellung und Verlag: BoD – Books on Demand, Norderstedt

ISBN: 978-3-746-031-040

Meiner lieben Schwester

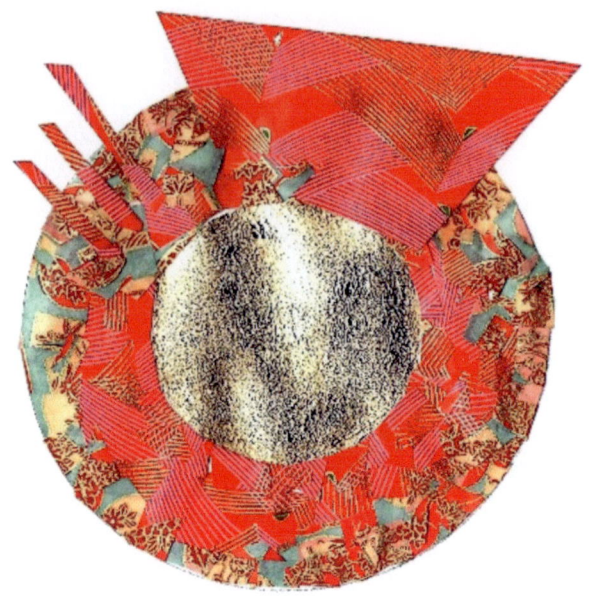

3. Juli 2007
Ein AugenBlick verändert ALLES. Und heute sehe ich VIELES wieder ganz anders – anders lebendig. In meinen Augen hebt sich die Welt aus den Angeln. Wer weiß schon, wie unsere Lebenswirklichkeit wirklich aussieht. Nicht gleichförmig. Nicht linear. Sondern gewellt, verbogen, bisweilen verzerrt. Nicht scharf konturiert, vielmehr verschwommen, nur angedeutet. Mit Brüchen und Ausfällen.

Vorhersagen lassen sich nicht treffen. Man sollte sie umgehen, einen Bogen um sie machen wie um einen wackligen Stuhl.

Hoffnung ist eine HeilKunst.

14. Juli 2007
Ein Blickfang trägt das Augenlicht auf Händen. Und ich betrachte meine Umwelt aufmerksamer. Damit ein AugenBlick die Erinnerung behält, wie rot ein Rot ist, wie frisch und wiesenweich ein Grün sich anfühlt. Und wie meerblau ein Blau sein kann.

16. Juli 2007
Abstürze, Umbrüche, Krankheit können uns Andere nicht abnehmen. Versucht man aber, ihre Risiken und Chancen zu durchdenken, den Wechsel ihrer Tages- und Nachtseiten anzunehmen wie ein Etwas, das zu einem als Ganzem gehört, dann lässt sich manchmal eine existentielle Gefährdung auf den Kopf stellen. Und zusehends verwandelt sie sich zu einem Schuh, den

man mit sich trägt, der einen auch irgendwie trägt. Und mit dem man beinahe wie angegossen durch das Leben spaziert. Meine Augenerkrankung ist jetzt mein Schuh, wie es viele andere, verschiedene Schuhprofile gibt.

18. Juli 2007
Ein offenes Wort trägt im Augenblick die ganze Welt in sich. Mein Augenarzt hat die Behandlung abgelehnt, abgebrochen, abgewiesen mit den Worten: »Mehr kann ich nicht für Sie tun.« Ein mutigerer Augenarzt ist in Sichtweite, er hat sich meiner Augen angenommen.

Medizin ist eine HeilKunst.
Kunst heilt viele Wunden.

19. Juli 2007
Am Lebensgrenzstein
Meine Augen lassen keine herkömmlichen Entscheidungen, keine Schwarz-Weiß-Malerei mehr zu, weil sie mich verändert haben. Liegt gerade darin die Chance, sich neu zu entwickeln, sich für geistige Bewegungsmelder zu öffnen, die keine Grenzen setzen, sondern organische Schleusen bilden, die ihre Freiheit in der Durchlässigkeit entfalten, nicht in der Verankerung?

Meine Augen sind durchlässiger geworden. Liegt darin Hohn und Spott, schwarzer Humor oder nur der Mut aus Verzweiflung? Mit Angstmut stehe ich an einer Schwelle und trage neue Schuhe an den Füßen. Vielleicht verwandeln sie sich zu Sieben-Meilen-Stiefeln, und ich wachse darin, vielleicht –

20. Juli 2007
In meinen Augen spielen sich mystisch verschwommene, in Nebelschwaden getauchte Abenteuergeschichten ab, die nur ich sehen kann. Ein Kriegsschauplatz aus Rauchschwaden, verbrannter Erde, fliehenden Mückenschwärmen und Schattentänzen schwarzer Krieger, die im Glanz aufblitzender Lichtsäulen ihre Schwerter zum Kampf rüsten. Zum Kampf gegen wen – gegen mich?

4. August 2007
Verleiht uns Hoffnung Flügel?

Mein Augapfel fühlt sich an wie eine zentnerschwere Kanonenkugel, eingeklemmt in einem U-Bahn-Schacht. Die Angst vor der Dunkelheit wird nicht meine Freundin, auch nicht meine Feindin.

8. August 2007
Kindergartenkinder lachen mich aus, weil ich bei Wind und Wetter eine Sonnenbrille trage. Vor Tieren, Hunden schrecke ich zurück, wenn sie vor meinen Füßen laufen. Kleine, bellende Dampfwolken, die von ihren Hundehaltern in leinenzwanglosen Schutz genommen werden, in Schutz vor freilaufenden Menschen mit getönten Augengläsern.

Ich wünsche mir mehr Übersichtlichkeit.

10. August 2007
Dass meine Augen sich öffnen, für einen heilsamen Umgang mit mir.

14. September 2007
Mittlerweile kann ich nicht mehr über Stunden vor der Leinwand sitzen. Auch das filigrane Zeichnen fällt mir immer schwerer. Mein Blick rutscht auf der Leinwand aus, so als würde ich in einem Wasserglas nach einer Münze greifen, am Meeresgrund nach einem Seestern tauchen, im Spiegelkabinett nach einem Ausgang suchen. Wenn ich nicht malen kann, fühle ich mich wie ein Langstreckenläufer ohne Beine.

23. September 2007
Halten Erinnerungen die Phantasie oder die Wirklichkeit am Leben? Bilder verschwimmen vor meinen Augen und tauchen langsam ab, so als hätten sie den Blickkontakt zu mir verloren.

22. Oktober 2007
Menschen mit Handicap erkennen sich an Verhaltensweisen, im Gang und am Gestus, in der Stimmlage und der Art, wie wir uns und anderen begegnen. Unsere koordinierte Unauffälligkeit macht uns erst auffällig.

Wenn wir einen Fuß vor den anderen setzen, spüren wir nach, wie groß unsere Füße eigentlich sind. Wenn wir einen Kaffeelöffel auf die Untertasse legen, fühlen wir zugleich auch die feingeschwungene Form der Kaffeetasse, ihre kalte Oberfläche aus Porzellan, die sich von innen heraus langsam erwärmt. Ein Mensch mit unauffälligem Handicap wird in einem Restaurant fast immer ein fein säuberlich geordnetes Gedeck hinterlassen, als wäre es kaum berührt worden. Ohne zerbröselte Brotkrumen neben dem Teller oder einer zerdrückten Serviette, die am Boden liegt.

Ein Mensch mit unauffälligem Handicap ordnet sich das Lebensmaterial in einer für ihn ganz eigenen Übersichtlichkeit. Er nimmt das Ganze in Teilen wahr, zerlegt diese in einzelne Elemente, um sie schließlich in systematischer Anordnung vor sich auszubreiten und wieder neu ineinander zu fügen.

Kunst ist im Detail das Ganze.

5. November 2007
Malerei und Medizin haben das gemeinsame Ethos, HeilKunst für den Menschen zu sein. Kunst kommt von Können. Können heißt Kreativität. Kreativität ist das Zusammenspiel von Wissen, Erfahrung und der Freiheit zur Selbstverantwortung.

INTUITION als INFUSION.

28. November 2007
Patientenstatistiken wirken anämisch und farblos wie die Anatomie meiner Keilrahmen.

Der Arzt ist Philosoph wie der Künstler ein Heiler.
Seine Praxis ist eine Werkstatt wie das Atelier sein Labor.

30. November 2007
Organische Kunst transplantiert Leben. Unsere Lebensgeschichte ist ein bildnerischer Prozess. Sie ist nicht Fragment. Kein Torso, sondern eine organische Plastik, mit Narben, Wunden und Rissen, die sich verändern, verheilen, mit körpereigenem Gewebe neu verbinden.

10. Dezember 2007
Im nahestehenden Blickkontakt mit Krebskranken habe ich einen erweiterten AugenBlick des Lebens erfahren: Sie leben nicht mit dem Uhrzeigersinn. Und sie sterben nicht nach dem Uhrzeigersinn. Weil sie immer schon das Licht der einen Lebensphase in die Dunkelheit der anderen mit vorziehen müssen, um ein bisschen lebenssatt sterben zu können. Überspringen wir auch einmal unser Regelwerk und leben einen AugenBlick so intensiv nach vorn, als sei es der erste und nicht der letzte, der letzte atemlose Rest Liebe zum Leben.

22. Dezember 2007
Farben tragen keine Narben.

23. Dezember 2007
Im AugenBlick wird das Leben zum Ereignis.

28. Dezember 2007
Mehr Licht, mehr Farbe, mehr Meer von allem!

2. Januar 2008
Schauplatzwechsel

In jedem AugenBlick
sieht die Zeit ihrem Ende entgegen –
und bleibt
auf Bodenhöhe

Kein AugenBlick
geht dagegen an
dass wir seine Bilder sammeln
im Laufschritt
der Erinnerung

Denn fortwährend
betreten wir Geschichten
eine Wolke unter den Arm geklemmt
wenn unser Zug
durch einen Tunnel rast

Städte kommen auf uns zu
Landschaften passieren Menschen
Und schon der nächste Blickfang
lehnt sich
aus dem Fenster

– ein Schauplatz wechselt
wie zwischen Ewigkeit zu Ewigkeit

25. Mai 2010
Augeninnere Gedanken
… etwa in einer Woche werde ich um diese Zeit schon aus dem OP gefahren … mit einem komplett ausgeräumten und neu befüllten Auge … Wasser, Gas oder Silikonöl wird in meiner kleinen Sehinsel schwimmen … unter Umständen tauscht der Operateur auch die Augenlinse aus … Linse raus, Plastik rein … nach einem Membranpeeling … das klingt wie eine Schönheits-OP für die Netzhaut … als wollte ich mich bewerben zur Wahl der Miss Retina … wie ich jetzt lachen muss … über mich … der Operateur erklärte mir, dass der Eingriff heute nicht mehr zwingend unter Vollnarkose vorgenommen wird … eine lokale Betäubung des Auges bei einer pars plana Vitrektomie würde ausreichen … in einem Netzhaut-Forum las ich, dass das Auge mitsehen würde, wenn der Operateur das Saug-Schneide-Gerät in das Augeninnere einführt … erstaunlich, dass mich bei dieser Vorstellung keine Panik beschleicht … eine ganz neue Dimension des Sehens werde ich erleben … in Grenzsituationen, von denen es nicht wenige in meinem Leben gab, werde ich mental seltsamerweise sehr ruhig … als würde ich aus meinem Körper heraustreten, für einen AugenBlick … die Blumen auf meinem Frühlingsgartenbalkon werde ich heute noch pflegen … damit sie kraftvoll wachsen und blühen können, bis ich wieder zu ihnen nach Hause komme …

4. Juni 2010
Augenreisetaschenleben
Welche fröhlich farbigen Wohlfühlshirts und Bequemhosen packe ich ein, ohne mich im Krankenhaus wie eine lebensmüde

Graugrüblermaus zu fühlen? Werde ich mir mit Trockenshampoo meine Haare auffrischen können? Trage ich meine Gute-Laune-Söckchen oder gespensterblasse Klinikkniestrümpfe? Außerdem Handtücher, Hörbücher, Haarspangen. Kosmetikartikel, Nachtwäsche und Sportschuhe. Lesebrille und Brillenetuis. Und vielleicht zwei Bücher in Großschrift?

In meiner Stadtteilbuchhandlung war ich heute versucht, den gerade erschienenen Band »Birnbäume blühen weiß« von Gerbrand Bakker zu kaufen. Noch bevor ich meine Buchhändlerin nach dem Band fragen konnte, stellte sich mir eine gemeine Frage in den Weg: Lohnt sich das noch? – Oh, dieser giftige, hinterhältige Stachel des Zweifels! Mit Gefühlspauken und Gedankentrompeten habe ich der Miesmacher-Frage lautstark ein Bein gestellt. Und potzblitz, sie hüpfte taumelnd davon mit ihren hinterhältigen Krötenaugen. Jetzt erst recht, dachte ich bei mir.

9. Juni 2010
Ich bin wieder daheim!

Unter dem Verband
mein Mutmachauge,
mein Kämpferinnenauge, das Auge einer Löwin,
mein Ich-bleibe-bei-mir-Auge,
mein Hoffnungsträgerinnenauge,
mein Das-Leben-ist-schön-Auge,
mein Das-Herz-auf-dem-rechten-Fleck-Auge,
mein Regenbogenfarbenauge,
mein Leselebenauge,
mein In-sich-ruhendes Auge,
mein Farben-tragen-keine-Narben-Auge,

mein Über-Gott-und-die-Welt-meditierendes Auge,
mein Graugrüblergedanken-unter-den Tisch-lachendes Auge,
mein Steh-auf-Menschenauge.

Mein Voller-Leben-Voller-Liebe-Auge
wird bald wieder besser sehen können.

20. Juli 2010
Augenträume [POSTOPERATIV]
Früh am Morgen. Das Leben ruht in den Häusern und Straßen. Es
wäre noch Zeit zu schlafen. Auch für mich. Die hochkonzentrier-
ten Cortisontropfen scheinen meinen Schlaf- und Wachrhythmus
durcheinander zu schütteln wie ein körpereigener Biococktail
zum Aufputschen. Mit einer frisch aufgebrühten Tasse Tee in der
Hand habe ich mich auf den Balkon gesetzt, höre dem aufgereg-
ten Vogelgezwitscher zu. Es ist ihre Stunde, um frei vom Men-
schenlärm aus allen Himmelsrichtungen miteinander zu kommu-
nizieren. Wie wohl es tut, die Augen zu schließen und ganz Ohr
zu sein für die lebendige Stille …

In der Nacht träumte ich wieder, mir selbst in die Augen zu sehen. Meine schwarzen Pupillen wurden rot wie ein Feuerball,
liefen an den Rändern aus als zähflüssiger Lavastrom, der die Iris
einfärbte. Ich spürte keinen Schmerz, hielt nur die offenen Hände unter meine Augen, als wollte ich die feuerroten Magmaträ-
nen auffangen. In der ersten Nacht nach der OP erwachte ich aus
einem ähnlichen Traum. Ich sah in meinen Augenhintergrund,
der seltsam grünblau gefärbt war. An den Rändern öffneten sich
kleine weißgelbe Löcher, die mit einem ungeheuren Sog nach
innen immer größer und tiefer zu werden schienen. Ich hielt
meine Hände vor die Augen und rief etwas, ganz laut. Dabei

wachte ich auf. Die Nachtschwester erzählte mir am Morgen, dass sie drei Mal in meinem Zimmer gewesen sei. Ganz leise hätte sie die Tür geöffnet, um nach mir zu sehen. Ich habe still dagelegen und ruhig geatmet –

24. Juli 2010
Wund(er)Heilung

Leichtsinnig
spaziert ein Rot
am seidenen Faden entlang
stolpert am Ufer der Böschung
und stürzt zu Boden

Im Morgengrauen
erwacht das verwundete Rot
aus dem Schlaf der Gerechten
räkelt sich in der Sonne
und steht wieder auf

Sehen ist wie Rot
– wie ein roter Faden

24. Juli 2012
Der weiße Fleck
Lesesinnierend hänge ich seit Wochen an den Feuilletons und Reportagen von Milena Jesenská fest – mein Regentropfenauge versinkt in einem Loch. Die Stelle des schärfsten Sehens wird verschluckt von einer Nebelwolke, einem Grauweißfleck, von dem ich nicht weiß, ob er vor der Makula schwebt oder in diese hineinwächst. Sein Radius weitet sich aus. Inzwischen kann mein noch gesünderes Regentropfenauge den Sehverlust nicht mehr ausgleichen. Die schemenhaft wahrgenommenen Linien erscheinen verzerrt, nicht scharfkantig, eher wellenartig gebogen, als hätte sich wieder Wasser unter der Netzhautmitte gesammelt.

27. Juli 2012
Augenstäbchenzuversicht
Es gibt Frauen, die lassen sich ein Verhütungsmittel in den Oberarm implantieren. Ich bekomme ein cortisonhaltiges Medikamentenstäbchen ins Auge implantiert. Das sind die feinen Lebensunterschiede. Erleichtert und trotz allem heiter und zuversichtlich denke ich zurück an das Beratungsgespräch in der Augenklinik – qualitativ wie zu erwarten sehr gut, menschlich sympathisch, zugänglich, ansprechbar und vertrauenswürdig, ein wenig hin und her gewitzt, soweit das ein zeitlich eng bemessener Sprechstundenrahmen erlaubt, und beinahe entspannt, obwohl ich mit feuchtkalten Händen zitterflattrig und aufgeregt war. Der Visus in meinem Regentropfenauge ist auf zwanzig Prozent mit Brille abgesackt. Ein Makulaödem hebt mir wieder die Welt aus den Angeln. Dennoch oder gerade deshalb fühle ich

mich jetzt leichter. Und aufgehoben. Weil mein Sehinstinkt mich nicht getäuscht hat. Und weil ich auf Hilfe und Behandlung hoffen kann.

Der ambulante Eingriff in meinem Regentropfenauge macht mir keine Angst. In der Vergangenheit habe ich andere Unwegsamkeiten erlebt, im Augenhintergrund durchlebt. Auf meinem Heimweg von der Augenklinik bin ich geradewegs in eine Buchhandlung spaziert, um mir eine aufmunternde Lesefreude zu machen, gerade heute, ohne Selbstironie. Mit kirschgroß erweiterten Schwarzpupillen linste ich wie benommen zwischen den Büchertischen umher, fingerte mit einer Hand einen Band aus dem Regal, mit der anderen hielt ich meine Lupenleiste auf den Titel. »Noch ein Martini und ich lieg unterm Gastgeber«, stand in orangeroten Lettern geschrieben. Ein Vormichhinkichern konnte ich mir in diesem AugenBlick nicht verkneifen. »Dorothy Parker. Eine Biografie«. Ich freue mich auf die Lektüre, mehr noch über die ungebrochene Zuversicht, die das Schwere von mir nimmt und mich lächeln lässt, immer wieder.

1. August 2012
Sehrücken
Dass ich Handgeschriebenes wie Gedrucktes inzwischen nur mit Lesebrille und Lupenleiste lesen muss, stört mich an sich wenig. Auf langen Lektürestrecken ist mein Sehlesestrom nicht mehr so flüssig wie früher – vielleicht nimmt meine Leselebensreise wieder an Fahrt zu, wenn das cortisonhaltige Medikamentenimplantat im Glaskörper meines Auges die Netzhautschwellungen beruhigt. Für wenige Tage reise ich in die Berge, um zwischen Alpenwiesen, Gipfelkreuzen und Kuhglockengeläute meinen Geburtstag zu feiern. Würde das Medikamentenstäbchen nach

meiner Rückkehr ins Auge eingesetzt wie Eingelegtes, Einge-machtes im Saure Gurkenglas, – mein rabenschwarzer Humor ist nichts für Seelenzartbesaitete und wortgewandte Schönschreib-geister –, wäre meine kurze Reise in die Sommerfrische auch eine mentale Einkehr für Regentropfenaugen. Sehnlichst warte ich nun auf die Bestätigung meiner Krankenkasse, die mir hof-fentlich eine Kostenübernahme bewilligt.

4. August 2012
Krankenkassenpostille
Erleichterung, gemischt mit Freude und Zuversicht über die pos-tale Nachricht: Meine Krankenkasse übernimmt die Kosten für das Medikamentenimplantat in meinem Regentropfenauge. Jetzt darf ich meinem Augenarzt die schriftliche Bestätigung der Krankenkasse faxen und einen OP-Termin vereinbaren, vielleicht noch im August, nach meinem Geburtstagsurlaub in den Bergen.

6. August 2012
Nadelstichtermin
Und Perspektiven öffnen Horizonte! Der ambulante OP-Termin in der Augenklinik steht fest für den 27. August, früh am Morgen um 8:30 Uhr. In der Patientenaufnahme werde ich schon um 8:00 Uhr sitzen und warten. Ohne Angst. Aber seelenaufgeregt vor dem Unbekannten.

23. August 2012
Medikament. Modell. Matrix.
Eine Länge von 6 mm. Der Durchmesser 0,46 mm. Mit Bleistift, Lineal, Papiermesser habe ich mir ein intravitreales Implantat-

modell auf einem Notizzettel versucht nachzubauen. Stäbchen-
förmig. In einem Applikator. Ein Minitampon im U-Boot-Format.
Die verschlüsselte Matrix des Medikamentenstäbchens bleibt
Geheimdienstsache, Kennwort Ozurdex. Wie passt sich das Implantat im Augeninneren ein? Heftet es sich an die Netzhautmitte an? Schwimmt es frei im Glaskörper? Werde ich es mit sehen,
wenn ich aus meinem Augenschaufenster hinausblicke in die
Welt? Und kann ich das Implantat sowie seine biochemischen
Prozesse stofflich im Auge spüren? Im Internet habe ich mir dazu
klinische Videodokumentationen angeschaut, die den operativen
Eingriff am menschlichen Auge zeigen. Patientenberichte sind
hier nur spärlich vorhanden. Keine differenzierten Schilderun-
gen, Erfahrungen aus Patientensicht.

25. August 2012
Sehlebenssinn
»Warum siehst du den Splitter im Auge deines Bruders, aber den
Balken in deinem Auge bemerkst du nicht?« Der Bibelvers im
Neuen Testament (Mt 7,3) bekommt einen neuen Sehlebenssinn
– Bergpredigt in meiner Sehlebensmitte.

28. August 2012
Schwarzer Schwebebalken
Unruhige Nacht aufrecht sitzend im Leselebenssessel verbracht,
nachdem sich ein schwarzer Schwebebalken immer wieder vor
mein Auge schob, sobald ich nur meinen Kopf auf das Kissen
niederlegen wollte. Dabei blitzte es unentwegt an den Rändern
der Netzhaut. Die Angst vor der Dunkelheit hatte sich unter der
Bettdecke versteckt und kroch langsam hervor. Vorsichtig setzte
ich mich auf, ohne meinen Kopf ruckartig zu bewegen. Der

Schwarzbalken rutschte wieder aus meinem Blickfeld. Seltsamerweise hatte er die rechteckige Form des Implantats, das offenbar in meinem Glaskörper umher zu schwimmen schien wie ein Riesenfisch im Wasserglas. Oder war es nur sein Schatten, den ich sehen konnte? Im Laufe des Vormittages schien sich der Schwarzbalken an den Längsseiten zu verschmälern, als würde er sich selbst zersetzen. Exakt vierundzwanzig Stunden nach der intravitrealen Injektion war er abgetaucht im Nirgendwo meines Auges. Ob das U-Boot-förmige Medikamentenimplantat von einer Schutzhülle umgeben wird, die sich nach Eingabe in das Auge von selbst auflöst? Der Frage werde ich nachgehen, gegebenenfalls schriftlich bei der Pharmafirma anfragen. Die Vorinformation hätte mir als Patientin die Angst vor einer Netzhautablösung genommen. Ganz zu schweigen von den Schreckstunden für kleine Augenpatienten und Frauen, die ein Ungeborenes in ihrem Bauch tragen. Die Aufklärung ist noch unzureichend. Ozurdex ist erst seit wenigen Monaten in Deutschland zugelassen.

Seelenstress hat das Raubtier in mir aus seinem Schlaf gerüttelt. Elender Hashimotoschub –

29. August 2012
Lebensstreicheleinheiten
Was ich am Pflegepersonal vor wie im OP so schätze, wie die Damen und Herren dem Leben herzhaft zupackend unter die Arme greifen. Da wird getupft, gespült, gewaschen, das Auge mit zwei Fingern sanft zugedeckt und zugeklebt, die Haare des Patienten unter dem Plastikhäubchen zurechtgezupft, die ausgestreckten Käferbeine mit einer warmen Wolldecke zugedeckt, zwischendurch ein Scherzchen gemacht, ein Lob ausgesprochen, wenn der Patient die Ruhe bewahrt, noch einmal über die Schul-

ter gestreichelt, »Alles Gute!« geflüstert, während der OP-Anwärter in seinem Metallbett auf vier Rollen in den sterilen Kachelsaal geschoben wird. Ohne große Worte ist man hier dem Leben so nah.

Im Warteraum des Operationszentrums blätterte ich in einer hausinternen Zeitschrift des Klinikums, las die fettgedruckte Überschrift eines Artikels, der eine Krankenschwester vorstellte, die studierte Kunsthistorikerin sei. Das gefiel mir. Ich wollte weiterlesen … und jemand rief meinen Namen –

30. August 2012
In der Wartezeitlebensschleife
»In meinem Auge ist diese Alterskrankheit«, sagte sie leise, strich sich dabei flüchtig mit einer Hand über das Knie, als wollte sie einen Staubflusen von ihrem Hosenbein wischen. Und wusch, weg war er, der AugenBlick, der das AndersSehen zur Sprache gebracht hätte. Fortan erzählte die silberkurzhaarige Dame in den Siebzigern, dass sie erst vor zwei Monaten ein neues Kniegelenk bekommen habe. Die Schulter sei auch kaputt und müsse noch gemacht werden. Dass wir seit 8:00 Uhr in der Früh auf unsere ambulante Augen-OP warteten, es war inzwischen 13:00 Uhr geworden, ließ sie unerwähnt, als würde uns Augenmenschen die Zeit nicht mehr berühren.

Patientenleben sind immer auch Wartezeitenleben. Auf Vor- und Nachuntersuchungen. Auf Sprechstundentermine und Krankenkassenpostillen. Auf Diagnosen und Befunde. Auf Zuwendung, Mitgefühl und Aufmerksamkeit. Und darin liegt die Krux, der Knacks, das Kurzschlusssyndrom. Dass wir den Sinn des Wartens aus den Augen verlieren, uns in der Wartelebenszeitschleife einrichten, uns zurücklehnen, lebensmüde werden. Träume und Sehnsüchte bleiben unausgesprochen, Wünsche und Hoffnungen auf der Strecke. Die Zuversicht wird anämisch.

Von Natur aus habe ich in mir das Kämpfergen einer Löwin, dass sich gegen jede Art von Phlegmatismus wehrt. Hin und wieder zeigt diese Löwinnenhaltung ihre Wirkung, wenn ich in trostlose Wartezimmergesichter blicke. Bei einem heiter belanglosen Gespräch hellen sich diese auf, für einen AugenBlick. Scherze ich mit dem Klinikpersonal über den Zeitproblembären, der in der Logistik der Augenklinik tobt, mal wieder, immer noch, hebt sich die Stimmung. Der Berufspessimismus bleibt auch hier niemandem verborgen.

Warten ist auf einer Klippe auszuharren. Manchmal verliert man das Gleichgewicht. Manchmal öffnen sich ungeahnte Aussichten.

31. August 2012
Nachsorgegedanken
Netzhautblitze. Ein Sturmgewitter in meinem Regentropfenauge. Der kaum spürbare Augeninnendruck schwankt im Laufe eines Tages und balanciert sich von selber wieder aus. Unangenehmer sind weiterhin die Sehstörungen, eine seltsame Unschärfe, als würde ich durch ein daumendickes Lupenglas schauen. Noch bin ich nicht beunruhigt und warte den Sprechstundentermin in wenigen Wochen bei meinem Augenklinikarzt ab. Eigentlich hätte ich zur Nachsorge einen Tag nach dem ambulanten Eingriff einen niedergelassenen Augenarzt aufsuchen müssen. Mit kollegialen Grüßen hatte man mir im ambulanten Operationszentrum einen Arztbrief ausgehändigt. »Wir bitten freundlich um die Übernahme der weiteren Nachbehandlung.« Und »eine zusätzliche Vor-

stellung der Patientin in unserer Klinik ist in 4-6 Wochen vorgesehen«. Punkt. Nur wem kann ich die Nachsorge meines Auges anvertrauen?

Der letzte Versuch, eine niedergelassene Augenarztpraxis meines Vertrauens zu finden, scheiterte kläglich. Die behandelnde Augenärztin kaute auf einem zähen Kaugummibonbon, während sie meinen Augenhintergrund untersuchte. Über diese eigenwillige Stressüberwindungsmarotte hätte ich mit einem Schmunzeln hinwegsehen können, wenn mich ihre Sorgfaltspflicht und Kompetenzen überzeugt hätten. Ich bin keine überempfindliche Nörglerpatientin, die wie ein lebensscheues Rühr-mich-bitte-nicht-an-Pflänzchen gehegt und gehätschelt werden will. Als Mitglied einer Solidargemeinschaft vertrete ich nicht die Haltung, dass alles, was mir als Krankenversicherte zuständige, von mir in Anspruch genommen werden muss. Nicht alles, was machbar ist, ist sinnvoll und notwendig. Ich vertraue immer auch auf die mentale Stärke meiner Selbstheilungskräfte, die nicht heilen, aber zum Wohlempfinden beitragen kann. Was ich von einem Arzt erwarte, sind fachliche Kompetenz, Verantwortungsbewusstsein, Entscheidungsfähigkeit und Respekt. Ein freundliches, dem Anderen zugeneigtes Wort setze ich voraus, wenn Menschen sich begegnen. Und doch ist es nicht selbstverständlich. Die Nachsorge meines Auges werde ich wieder alleine übernehmen. Im Hintergrund weiß ich, dass ich meinem Augenklinikarzt vertrauen kann, wenn sich das Empfinden meines Auges verschlechtern würde. Das beruhigt.

1. September 2012
Spatenstich ins Kugelkissen
Diese Wucht, mit der die Injektionsnadel in den Glaskörper meines Auges gestoßen wurde – der Netzhautchirurg als Florettfechter. Seit Tagen suche ich nach einem Wortbild, um die spürbare Vehemenz des Einstiches, den Tiefendruck und das Wegrollen des örtlich betäubten Auges zu umschreiben. Während ich auf meinem Blumengartenbalkon bunte Herbstastern in Schalen, Töpfe und Balkonkästen pflanzte, kam mir der Spatenstich in den Sinn. So hat es sich angefühlt, die intravitreale Injektion. Wenn die Gärtnerin wilde Brennnesseln aus dem grünen Rasen heraussticht und dabei tief in die Erde eindringt, um das Unkrautgewächs mit seinen Wurzeln auszuheben. Die gefühlte Stofflichkeit meines Auges ließ mich auch an Styroporkugeln denken, die als Verpackungsmaterial von Elektroartikeln verwendet werden. Ein Augenkugelkissen für den Toaster, so könnte man scherzhaft meinen. Nein. Das Gartenbild spricht mich an. Der menschliche Körper ist wie ein Garten. Er wächst, gedeiht, vergeht. Er braucht Pflege und Liebe, zärtliche Hände und feine Sinne.

2. September 2012
Auf der Jagd nach Beute
Keine Einblutung in den Glaskörper. Keine Infektion in der Bindehaut. Keine empfindlichen Schmerzen während der intravitrealen Injektion. Seither nur ein Augenmuskelkater. Und ein brennendes Druckgefühl an der Einstichstelle. Oder kneift mich das schwimmende Medikamenten-U-Boot in meinem Auge? Ob sich die starken Sehverzerrungen des Makulaödems in den nächsten Wochen zurückbilden werden, bleibt abzuwarten.

Ozurdex als Cortisonimplantat – eigentlich eine ideale Therapie-lösung, um Entzündungen im Augeninneren in hoher Cortison-Konzentration einzudämmen, die Netzhaut an Ort und Stelle zu beruhigen, ohne den gesamten Organismus mit Nebenwirkungen zu belasten. Dass nur einen Tag nach der Eingabe des Cortisonimplantats die Hashimoto aus ihrem Schlaf erwachte und mir einen heftigen Schub bescherte, als hätte das lechzende Raubtier wieder Frischblut geleckt, macht mich sprachlos. Eine orale Cortisontherapie hätte ohne Zweifel unangenehmere Folgen für die Autoimmunerkrankung meiner Schilddrüse. Davor hatte ich mich gefürchtet. Und doch. Alles hängt mit allem zusammen.

Die hochkonzentrierte Cortisonabgabe in meinem Auge, pulsar-tig, im Sekundentakt, scheint die Hashimoto angestupst zu haben wie ein umgekipptes Dominosteinchen, das den Aufruhr der Schilddrüsenhormone ins Rollen bringt. Komatöse Müdigkeit. Kopfschmerzen. Verstopfung. Ein Flimmerflatterherz. Entsetzliche Muskelschmerzen in den Gliedern. Trockene Schleimhäute. Stechen im Hals. Hautausschlag mit starkem Juckreiz. Und eine Graugrüblerverstimmung. Die üblichen Symptome eben, wenn das Raubtier sein Unwesen in mir treibt. Stelle ich mir die Frage nach meiner Befindlichkeit, ist heute kein guter Tag. Einziger Trost, der Schub geht vorüber. Das Raubtier wird sich zurückzie-hen, ermattet von seiner Jagd nach Beute.

3. September 2012
Kein Fettauge in der Hühnerbrühe
Verschlafmützelt hebe ich mein Haupt von einem Mittagsschläf-chen. Ich bin wie neu geboren und wieder fröhlich und heiter gestimmt. Die Hashimoto liegt träge unter meinem Bett, nach-dem sie sich den Raubtiermagen vollgefressen hat an mir. Die

verkrampfte Augenmuskulatur fühlt sich entspannter an. Auch scheint das Sehfeld heller, klarsichtiger geworden zu sein. Eine Glaskörpertrübungslache, die noch vor einer Woche in meinem Regentropfenauge schwamm wie ein Fettauge in der Hühnerbrühe, hat sich in Nichts aufgelöst. Die Zuversicht flüstert mir leise ins Ohr, dass das Cortisonimplantat seine Wirkung zeigt. Die Verzerrungen des Makulaödems sind weiterhin bahnbrechend. Durch die Auflösung, Zersetzung der Glaskörpertrübungen, die wie ein transparenter Grauschleier die Durchsicht vernebelten, erscheinen Bögen, Beulen, Blasen an sich gerader Linien speckig scharf konturiert. Sie stören erheblich meinen Gleichgewichtssinn. Nichtsdestotrotz. Das versenkte Cortisonimplantat brütet im Augenhintergrund antientzündliche Reaktionsmechanismen aus. Vielleicht drehen diese noch an den Schrauben des Makulaödems und ersticken die Flamme im Gaskocher meines Auges.

Uveitis. Netzhautpathologien. Und Ich.
Wir gehören zusammen, irgendwie.
Wie Kafka und die Komik.

4. September 2012
Vom Sinn, ein Augentagebuch zu führen
Eine Antwort finde ich bei Kafka, der am 23. Dezember 1911 in sein Tagebuch notiert: »Ein Vorteil des Tagebuchführens besteht darin, daß man sich mit beruhigender Klarheit der Wandlungen bewusst wird, denen man unaufhörlich unterliegt, (...).« Eine Tagebuchnotiz richtet sich im AugenBlick auf einen Zustand, der für einen Patienten mental kaum auszuhalten ist, wenn ein Krankheitsschub zugeschlagen hat. Erst die Aneinanderreihung von Augenblickszuständen legt Übergänge frei, die dem Kopf und dem Herzen Bewegung verschaffen. Nehme ich diese Ent-

wicklung, die Wandlung der Zustände – ein Prozess, der sich in jede mögliche Richtung öffnen kann –, in der Übersicht wahr, wird ein Tagebuch zum Hoffnungsträger.

Ein Augentagebuch führen, heißt für mich auch Kommunikation leben. Es lässt mich nicht kontaktblind werden mit meiner Wahrnehmung, anders zu sehen. Darum trägt mein Augentagebuch auch nicht den Titel Uveitis-Tagebuch. Netzhaut-Tagebuch. Oder Leben mit einer Autoimmunerkrankung.

Augentagebuch, der Begriff umfasst Sinn und Sinnlichkeit meines Sehlebens.

4. September 2012
Hinter der Windschutzscheibe
Amslertest. Acht Tage nach der intravitrealen Injektion von Ozurdex. Die schwarz eingefärbten Kachellinien biegen sich unter der Last des Makulaödems, das wie ein aufgeblähter Semmelknödel unter der Netzhautmitte sitzt, schwer verdaulich für mein Regentropfenauge. Ohne Tränenfluss und Bindehautrötung hält es sich wacker aufrecht, zumindest in geschlossenen Räumen, bei Zimmertemperatur. Sobald ich einen Fuß vor die Tür setze, drückt der Luftzug gegen die verglaste Windschutzscheibe meines Auges. Ein Lüftchen umweht das Brillengestell und sucht sich seinen Weg von der Seite – mitten hinein in mein Regentropfenauge, das aufjaulen möchte wie ein Hund, dem Fußgänger auf den Schwanz getreten haben. Unter Luftdruckschwankungen schiebt sich ein Grauschleier vor das Blickfeld, schwarze Mücken fliegen in kleinen Schwärmen vorbei. Ich suche das nächstgelegene Ladengeschäft auf, um mein nässendes Regentropfenauge in luftzugarmen Räumen trocken zu legen.

Dass ich schon zwei Stunden nach der intravitrealen Injektion den oberflächlichen, nur mit zwei Hautpflastern angehefteten Wattebauschverband von meinem Auge entfernen konnte, hatte mich überrascht. Das Augendruckgefühl war angespannt, vor allem mit Nachlassen der örtlichen Betäubung. Für einen Tag danach hätte ich mir ein weiches Augenkissen zum Schutz vor Wind und Wetter, vor grellem Sonnenlicht und flinken Fingern gewünscht, die nur eben mal kurz kratzen wollten an der juckenden Bindehaut. Mein Auge vor Windzug zu schützen, ist schwierig im Alltag. Ich meide U-Bahnen, Klimaanlagen und weit geöffnete Fenster.

5. September 2012
Seepferdchen im Cortisonbad
Kürzer werde ich treten in den nächsten Tagen. Werde mich mäßigen beim Langzeitlesen unter der Nachttischlampe, auf dem Küchentisch, im Leselebenssessel. Beschränke mein tägliches Schreiben auf Sehnotizen im Augentagebuch. Mein noch gesünderes Auge ist angestrengt. Mein Regentropfenauge angespannt. Die Regeneration dauert länger als erhofft. Das Makulaödem hat sich eingenistet unter der Netzhautmitte und lässt sich nicht aus der Polsterruhe bringen. Noch nicht. An seinen Stuhlbeinen rüttelt das Cortison im Sekundentakt. Auch wenn der Hersteller von Ozurdex eine Wirkungsdauer von sechs Monaten in Aussicht stellt, in der Regel hält der Wirkungsmechanismus des Medikamentenimplantats zwei Monate an, meinte der Netzhautchirurg im Vorgespräch. Gerade mal neun Tage sind nach Eingabe der intravitrealen Injektion vergangen. Ich werde ungeduldig, unvernünftig, übermütig. Ein Trostbrief beruhigt mich. Gerade jetzt. Den Amslertest versenke ich unter einem Stapel Zeitungspapier, um dem Sehtestkontrollzwang zu entgehen. Erst neun Tage von

zwei Monaten – mein Regentropfenauge wird sich noch frei-schwimmen im Cortisonbad.

6. September 2012
Wartung der Lebenslautstärke
Was haben der Einrichtungskatalog eines schwedischen Möbel-hauses und die verführerischste Piemontkirsche seit es Zartbit-terschokoladenpralinen gibt, mit meinem Augentagebuch zu tun? Eigentlich gar nichts. Wenn sie nicht das Herbstwarten markieren würden. Auf den alten Schweden im neuen Design. Auf die Frischsaftkirsche im dunklen Schokoladenmantel, die gar nicht in der italienischen Region Piemont vom Baum gepflückt wurde. Auf den Wirkungsmechanismus von Ozurdex.

Gestern habe ich wieder Augen-Make-Up aufgetragen. Keinen farbigen Lidschatten. Ich male mich nicht an wie ein schillerndes Kakaduweibchen. Nur Lidschattenbase zur Grundierung, um fei-ne Rotäderchen auf dem Oberlid abzudecken. Einen feinen Lid-strich mit dem Eyeliner, dicht entlang des Wimpernrandes. Und zarte Wimperntusche. Meine Regentropfenaugen haben die Zehn-Minuten-Schminkprozedur ohne Reiztränen überstanden. Die Sehanspannung lässt nach. Langsam.

Herbstwarten hat eine andere Lebenslautstärke als das Früh-lingswarten. Und das Sommerwarten.

7. September 2012
Zähnefletschend kroch sie aus ihrem Versteck. Die Hashimoto hat noch einmal zugeschlagen, mit ganzer Wucht. Ohrenschmer-zen mit Tinnitus-Geläute. Brennendes Zahnfleisch. Extrem tro-

ckene Augen, die unaufhörlich tränten. Netzhautblitze wie im Scheinwerferlicht. Und ein entsetzlich juckender Hautausschlag im Gesicht, am Hals, auf dem Dekolleté. Wenn es in der Tierwelt keine Kratzjochen gäbe, – eine Verwandtschaft zu Knorpelfischen ist auszuschließen –, bin ich das erste Exemplar. In den Morgenstunden machte sich das Raubtier davon wie ein streunender Straßenköter. Zurückgelassen hat es mir juckende Kratzherde auf der Kopfhaut, die stellenweise wundgescheuert ist.

Hashimototage streiche ich nicht aus meinem Lebenskalender. Regentropfenaugentage auch nicht. Sie bleiben, ein Leben lang.

8. September 2012
Die Hashimoto schläft.
Der Kratzjochen streichelt seine Wunden.
Mein Regentropfenauge ist in sich gekehrt.
Das Makulaödem sitzt wie schockgefroren
unter der Netzhautmitte.
Es bleibt, wie es ist.
Bis jetzt.

Es wird ruhiger werden in meinem Augentagebuch.
Leerlaufzeiten erwarten Veränderungen,
ohne sie beim Namen zu nennen.

Jede Hoffnung bleibt offen.

10. September 2012
Kopfstand im Glaskörper
Er hat sich nicht in Nichts aufgelöst. Der schwarze Schwebebalken ist wieder da. Ich bin so erschrocken! Ganz plötzlich schiebt er sich von oben in mein Blickfeld. Leichte Augenschmerzen, die in die Stirnhöhle ziehen. Das Medikamentenimplantat scheint sich im Glaskörper meines Auges zu drehen. Fast auf den Tag genau zwei Wochen nach der intravitrealen Injektion.

Mein Herz schlägt heftig, nur Ruhe bewahren …
Nächte wie diese können schrecklich sein.
Und furchtbar einsam, schutzlos machen.
Lasse das Lämpchen brennen, über Nacht.
Was bin ich für ein Angsthase –
es ist doch nur ein schwarzer Schwebebalken.

11. September 2012
Wie die Flügel einer Rabenkrähe
Vielleicht hat sich die Konsistenz des Glaskörpers verändert und er ist nicht mehr so zähflüssig wie gelartiges Schmierfett. Vielleicht hat auch das Füllgewicht des Medikamentenimplantates abgenommen. Der Cortisontank ist leichter geworden und schwimmt nicht mehr schwerfällig im Glaskörpertümpel. Vielleicht liegen meine phantastischen Erklärungen für die plötzlichen Wiedererscheinungen eines schwarzen Schwebebalkens auch verkreuzt und überquer wie das Augenstäbchen selbst. Dass es sich hin- und herbewegt wie ein schwänzelnder Goldfisch im Wasserglas, zwei Wochen nach Eingabe der intravitrealen Injektion, ist eine untrügliche Beobachtung. Der Schrecken weicht nach und nach vor der Gewöhnung zurück, dass mir in jedem AugenBlick die rabenschwarzen Flügelspitzen eines

Fremdkörpers zuwinken könnten, von oben, von der Seite, weniger von unten. Wie gut, dass ich keine Autofahrerin bin …

12. September 2012
Anrufung der Bären
»Im Reich der Beschreibungen kann man Eigenschaften erwerben, die man für sich selber nicht hat.« Aufgelesen in Roger Willemsens Buch »Momentum« – eine poetisch-philosophische Feier des AugenBlicks. Mir fällt auf, dass ich in Beobachtungen und Beschreibungen meines AndersSehens einen Blick in die Welt der Tiere werfe. Von Mücken und Raubtieren ist in meinem Augentagebuch die Rede. Von Hühnerfleisch und Seepferdchen. Von Kratzjochen, eine abgewandelte Art der Rochen, die nicht zur Familie der Knorpelfische gehört. Von Straßenkötern und Rabenkrähen. Eine Erkrankung in ihrer Beschreibung zu personalisieren, ihr einen Phantasienamen oder eine tierische Identität zu geben, macht sie für mich ansprechbar, nimmt mir den Schrecken vor ihrer Unberechenbarkeit.

Das Makulaödem ist ein seltsames Wesen. Es protzt mit Dampf und heißer Luft wie ein aufgeblasener Schaumschläger. Noch lässt es sich nicht beeindrucken von meinem Cortisonimplantat.

13. September 2012
Täuschen mich meine Sehbeobachtungen? Noch vor wenigen Tagen glaubte ich eine Veränderung in meinem Regentropfenauge wahrnehmen zu können. Ganz zaghaft wäre das aufgedunsene Makulaödem geschrumpft, kaum wahrnehmbar, hätte ich nicht im Amslertest einen äußeren Sehanhaltspunkt, der mir Auskunft darüber gibt, wie die Wirklichkeit wirklich aussieht.

Meine innere Freude wagte ich nicht mit nur einem Wort anzusprechen oder im Augentagebuch auszuformulieren, solange keine eindeutige Gewissheit für mein besseres AndersSehen bestünde. Seit gestern hat sich meine Vorahnung, mein Vorgefühl in Luft aufgelöst. Die Beobachtung war nicht mehr als ein Baucheinzieher meines Makulaödems. Der Heißluftballon in der Netzhautmitte hat ausgeatmet und hebt wieder kräftig die Welt aus den Angeln. Unter seinem Druck biegen sich die Buchstaben zur Seite wie Gräser im Wind. Ob sich dabei eine Uveitis im Glaskörperraum meines Regentropfenauges eingenistet hat oder nicht, das Makulaödem scheint ein Eigenleben zu führen.

Ich muss weiter Geduld haben – die Geduld dulden.

13. Januar 2013
Seinsbefindlichkeit
Von: Für Hashimotos und CorticoideträgerInnen –
chronisch selbstironisch, lebensanhänglich, menschenfreundlich:

Ich bin heute so hormonisch!

16. Mai 2014
Regentropfenaugentag
Den gerade ermittelten Befund in der Augenklinik werde ich ge-
mütsverdauen müssen, die Äugelchen mental streicheln. Elende
Gliosen, vermaledeite, die in meinen Augen wachsen. Meine
Lebensfreude lässt sich von Graugrüblergedanken einer drohen-
den Blindheit nicht verjagen, ich breche zum Spätfrühstücken in
mein Lieblingskaffeehaus auf. Der freie Tag liegt vor mir, ein Tag
Sehleben für mich. In der Stadtteilbibliothek möchte ich stöbern.
Durch meine Straßen schlendern. Einen geruhsamen Abend im
Leselebenssessel verleben. Regentropfenaugengedanken nehmen hier nicht Platz. Morgen sieht vieles schon wieder ganz an-
ders aus.

Wer weiß schon, wohin sich das Sehleben in vier Monaten seinen Weg bahnt –

18. Mai 2014
Im Auge des Feuerballs
»Verdrängen und Arbeiten«, sagte ich in die Stille hinein, mehr
zu mir selbst, als zu dem Augenklinikarzt, der den neuen Befund
in meine Patientenakte tippte. »Wie geht es Ihnen jetzt damit?«,
fragte er noch. Ich konnte in diesem AugenBlick keine Antwort
geben, weil ich die Worte nicht für mich fand. »Ist in Ordnung«,
hörte ich mich nur sagen, reichte ihm meine Hand und bedankte
mich für seine offenen, klaren Worte.

Ich erinnere mich wieder an den Moment vor wenigen Wochen, an jenen Blitzschmerz in meinem Auge, der sich anfühlte, als sei im Inneren ein Feuerball implodiert. Es war mitten am Tage, in den lichtleeren Arbeitskatakomben. Einen Karton hatte ich angehoben und augenblicklich fallen lassen. Schützend hielt ich beide Hände vor mein Auge, das von innen zu verbrennen schien. Ich erkannte den Blitzschmerz wieder. Wie ein Pfeil war er in meinem Gedächtnis steckengeblieben, hatte mein rechtes Auge verletzt, mein Sehen verändert, für immer. Jetzt hatte er das linke Auge im Visier – und traf. Seither fühle ich mich unsicher beim Sehen. Stolpere, stürze, lasse Dinge fallen, greife daneben, mehr denn je. Ich kann mich nicht mehr darauf verlassen, dass mein noch besseres Auge den Sehverlust des anderen ausgleicht. Ein unauffälliges Sehleben mit Einschränkungen, von denen nur ich etwas weiß, ist für mich zunehmend anstrengender geworden.

Meinem neuen Arbeitgeber habe ich meine Regentropfenaugen verschwiegen, dem Augenklinikarzt das Wissen vorenthalten, dass meine berufliche Tätigkeit die Netzhaut meiner Regentropfenaugen schwer belastet.

Es sind Lebenslügen, die mich überleben lassen. Und die zugleich doch unerträglich sind. Die Metaphern, die ich für mich erfunden habe, um am Berufsleben teilzuhaben, werden auffliegen. Vielleicht retten sie auch meine Regentropfenaugen, wenn ich Farbe bekenne. Im AugenBlick noch nicht. Fünf Monate gebe ich mir Zeit. Fünf Monate, bis der nächste Termin in der Augenklinik ansteht. Hoffentlich bleibt bis zu diesem Zeitpunkt die Netzhaut meiner Regentropfenaugen stabil.

Ob ich meinen Job behalten werde, bleibt ungewiss –

3. Juni 2014

3 plus 1 gleich 2

Einen Anfängerfehler begangen und in Augenpatientenforen mitgelesen. Was ich dort gesucht habe, schien mir schleierhaft zu sein. Immerhin fühlte ich mich angesprochen, fand dort Beiträge von Menschen, denen aufgrund chronisch entzündlicher Prozesse in der Netzhaut Gliosen und Makulaödeme in den Augen wachsen. Manche von ihnen haben Angst vor ihrer ersten Vitrektomie mit Netzhautpeeling. Andere sind schon alte Hasen, denen dieser operative Eingriff an beiden Augen vertraut ist. Ich befinde mich dabei im Mittelfeld. Noch.

Der Amslertest sieht nicht gut aus. Inzwischen nehme ich die Verzerrungen auf beiden Augen wahr. Es ist mir eine Erklärung dafür, warum mir in den letzten Wochen oft so schwindelig ist, der Gleichgewichtssinn die Balance nicht mehr halten kann. Das Wissen darum beruhigt mich. Meine Regentropfenaugen werden nie wieder besser sehen können. Jeder erneute chirurgische Eingriff wäre nur eine Schadensbegrenzung, um einen unaufhaltsamen Prozess, der langsam, aber schleichend verläuft, zu verzögern. Diesem Umstand sehe ich unaufgeregter, klarer entgegen. Ich will kein Ausschweigen mehr, ein Sich-Selbst-Dahin-Vertrösten. Mental bin ich auf dem Weg der Vorbereitung auf das, was sich ereignen kann, aber nicht muss.

Mein drittes Auge werde ich behalten.
Mein inneres Auge auch.
Das sind schon Zwei.

15. Juli 2014

In meinem Mailpostfach eine Information der PRO Retina. Augenärzte warnen vor der Anwendung eines Wundermittels am Auge, das in jüngster Zeit im Internet und bei Workshops als Allheiltropfen angepriesen würde. Die in den Verkauf gelangte Lösung enthielte achtundzwanzig Prozent Natriumhypochlorit und dürfe keinesfalls in die Augen getropft werden. Wenn es zum Augenkontakt käme, müsste das Auge sofort ausgespült werden. Es drohen Verätzungen mit einem erheblichen Erblindungsrisiko. Es soll sich um ein Wundermittel handeln, das Malaria, Autismus, Krebs, AIDS und auch Demenz heilt, vor allem aber enthält es eine Substanz, die sich sonst in Bleich- und Desinfektionsmitteln findet. Ein Hausreiniger zum Heilen von Augenerkrankungen. Mir fehlen die Worte –

Mein nächster Untersuchungstermin in der Augenklinik steht erst in drei Monaten an. Im September waren die Spezialsprechstunden bereits vollbelegt, mit Hoffnungen, Ängsten, Zuversichten und zermürbenden Ausweglosigkeiten, die alle Hilfe erwarten. Manchmal bleibt es bei einem Wunsch, der lindert und das Schlimmste verhindert. Das ist so viel. Ein Wundermittel verspricht nur das Blaue vom Himmel.

Mein Augentagebuch wälzt Wunschgedanken.

Ich wünschte mir, dass meine beiden Augen unangestrengt, ohne Erschütterungen ihren Lebensabend verbringen. Ihr Visus wird unter dreißig Prozent fallen. Immerhin. Zehn Prozent sehen anders aus. Es mag überspannt und neurotisch klingen – mit den Jahren habe ich eine Sprache mit meinen Regentropfenaugen entwickelt. Sie sprechen mit mir. Und ich höre ihnen zu, was sie sagen. Dass es gut so ist, wie es ist. Gut im Sinne von Genug-

Sein, ausreichend, genügend, dass kein Genügsam-Sein meint. Auch wenn ihr Licht schwächer wird, sie lassen mich langsam, ohne großen Aufhebens, mit ihnen wachsen. Darum kann ich noch auf herkömmliche Weise lesen, setze mir die Buchstaben zusammen, die in meinem Lesegedächtnis Worte antippen wie in einem digitalen Wörterbuch. Gespeicherte Lebensbausteine. Irgendwann werde ich die Bücher schließen müssen. Vielleicht. Dann werden sich andere Lesewelten für mich öffnen.

19. September 2014
+ sehlebentelegramm +
+ zurück aus der augenklinikambulanz + visus auf beiden regentropfenaugen nur noch 30 prozent + indikation für vitrektomie mit netzhautpeeling jetzt auch für das linke auge + stationäre aufnahme am 1.10. + op am 2.10. + bin bis auf weiteres krankgeschrieben = arbeitsunfähig + aus der sehlebensorge wird regentropfenaugenfürsorge + es wird nie mehr wieder gut + aber vielleicht + vielleicht wird es nach der op ein wenig besser + für eine lebensweile lang +

27. September 2014
Mit einer lebensfreudigen Mitpatientin, die an Sarkoidose erkrankt ist, philosophierte ich im Wartesaal der Augenklinik über die Frage, ob jegliche Erfahrung von Verlust uns Menschen zu Verlierern macht. Den Verlust von Zeit erleben wir in jedem AugenBlick. Und doch kommt mit jedem Verlust etwas dazu, füllt sich etwas in uns auf.

»Es ist was es ist sagt die Liebe«, sagt die Mitpatientin und streichelt liebevoll die Hand ihres Mannes, der neben ihr sitzt – AugenBlicke in der Augenklinik, die mir unvergesslich bleiben.

7. Oktober 2014
Welche Farben hat die Nacht? *
Dunkelheit ist ein Wort aus der Welt der Sehenden.
Weil in der Dunkelheit das räumliche Empfinden spürbar bleibt.

Während meiner Augen-OP habe ich einen schwarzen Augenblick erlebt, der mir für eben diesen einen AugenBlick das Fremdgefühl vermittelt hat, wie es ist, blind zu sein – eine schwarze Fläche, ohne Raum, ohne Schatten. Kein Spalt, der durchlässig wäre für einen zarten Windzug. Ich hörte wieder das Tackern des Lasers, der ein Netzhautloch verschweißte. Einen Augenblick später lag die Netzhaut an, ein helles Licht, beinahe grell und unwirklich, ließ mich die zuvor blau eingefärbte Membran sehen, die der Operateur noch versuchte, mit einer Pinzette abzuziehen. Sie lag schon zu fest auf der Makula, schien mit der angrenzenden Netzhautperipherie verwachsen zu sein. Zwei Häutchenteile konnte er entfernen. Immerhin.

Mental kann ich die Augen-OP nicht leicht für mich wegdenken. Der Eingriff hat sich anders mitgesehen als noch im anderen Auge. Die Grenzen meines Sehens sind spürbar geworden.

Was mich zutiefst beruhigt, in der hiesigen Augenklinik betreut zu werden. Ich vertraue den Ärzten, dem Netzhautchirurgen, einer der kompetentesten und erfahrensten Operateure, einfühlsam, liebenswürdig, achtsam. Gerade auch in Zukunft, von der niemand wirklich wissen kann, wie diese für meine Regentropfenaugen aus(gehen)sehen wird.

Ich werde nicht blind werden, aber das zentrale Sehen verlieren. Nicht heute. Nicht morgen. Irgendwann. Nur ist dieser unbestimmte Zeitpunkt jetzt näher an mich herangerückt.

»Sie sind realistisch«, sagte die freundliche und sensible Stationsärztin zu mir und wies mich vorsichtig darauf hin, dass ich in ein paar Wochen, wenn sich der Visus nach der OP stabilisiert hat, in der Sehhilfenambulanz das Lesen mit Lupen versuchen könnte. Das will ich versuchen, auch wenn ich im Denken und Fühlen noch nicht so weit für mich bin.

Am Tag der Entlassung erreichte mich die schriftliche Kündigungsbestätigung meines Arbeitgebers. Ich bin seltsam erleichtert, nie wieder auf Bücherleitern steigen zu müssen und schwere Kartons zu tragen. Vielleicht entdecke oder erfinde ich eine Aufgabe für mich, die das Sehen und das Leben vereint. Ich bleibe zuversichtlich.

* Gleichnamiger Titel eines Buches von Dr. Sabine Waldmann-Brun, Ärztin, Malerin, Illustratorin.

9. Oktober 2014
Aussichten. Einsichten. Zuversichten.
Der Augeninnendruck ist wie zu erwarten angestiegen. Die Netzhaut liegt an, ohne Vernarbungen. Das ist erfreulich und beruhigend für mich. Nur der Visus meiner Regentropfenaugen lässt weiter nach. Links dreißig Prozent. Rechts nur noch zehn Pro-

zent. »Das ist schon sehr wenig«, sagt meine niedergelassene Augenärztin zu mir und spricht irgendwie leiser als sonst.

Seit zwei Tagen fühle ich diese seltsam neue Kraftlosigkeit in meinen Regentropfenaugen, die ich nicht beschreiben kann. Erstaunlich dabei ist, dass sich in mir kaum mehr etwas dagegen wehrt. Ich bin entspannter geworden, ohne aufzugeben. Meine Äugelchen, und in Gedanken spreche ich sie beinahe verzärtelt an, haben Kämpfe hinter sich gebracht, ohne mir das Leben mit ihnen wirklich schwergemacht zu haben. Jetzt liegt es an mir, ihnen zuzugestehen, was sie nicht mehr können.

Um mein Gehirn in Balance zu trainieren, werde ich allein einen ersten Spaziergang in die Stadt unternehmen. Eine konzentrierte Kopfsache, die ich einüben will, um den Lebensalltag aufzunehmen. Die Sonne scheint herbstwarm.

In Gesprächen mit E. gärt der Gedanke in mir, wieder ein Buch zu schreiben. Es gibt immer etwas Schönes, Tröstliches, Heiteres, Geistreiches und Besinnliches zu entdecken. Wir müssen uns davon berühren lassen.

Anschauen, Erkennen und Wahrnehmen – das möchte ich thematisieren.

12. Oktober 2014
Sich selbst und anderen Mut machen
»Leben«, sage ich.
»Schreiben«, denke ich.

Ein Seher aus Castrop-Rauxel lud mich zu einer schamanischen Sitzung ein. Eine Schwarzwälder Heilerin empfahl mir, bei Vollmond mein eigenes Pipi in die Augen zu träufeln. Was hilfreich gegen Gerstenkörner sei, könnte auch der Netzhaut meiner Regentropfenaugen nicht schaden.

Wer öffentlich über sein Handicap spricht, schreibt, muss damit rechnen, aus allen Himmelsrichtungen erstaunliche Lebensbewältigungsratschläge bis hin zu psychogenen Ferndiagnosen zu empfangen. Inzwischen reagiere ich auf jedwede Art der Projektion nicht mehr, die zu wissen meint, was gut für andere ist. Was mich zum Nachsinnen bewegt, ist die sprachliche Wendung Betroffene(r), zu der sich Handicapträgerinnen und Handicapträger hinreißen lassen.

Ich fühle mich nicht betroffen von mir. Auch wünschte ich nicht, dass meine Mitmenschen von mir betroffen sind. Wischt die Tränen fort, damit wir wieder gemeinsam lachen können. Eine kurze Weile lang.

14. Oktober 2014
Ich gründe meine eigene Patientengruppe!
Mein Gedankenspiel amüsiert mich kurzweilig. Parteilos. Eine eigene Patientengruppe. Unabhängig. Chronisch selbstironisch. Wer weiß, was sich aus meinen Gedankenspielen nährt, wenn ich lebensübermütiger werde. (Das kommt davon, wenn Regentropfenaugen die Welt aus den Angeln heben – man nimmt sich selber nicht mehr allzu ernst ...)

Achtsamkeit wird mehr denn je meiner Lebenskompassnadel die Richtung weisen. Es fällt mir zunehmend schwer, im Gehen das

Gleichgewicht zu halten, ich schwanke wie ein Paddelboot auf hoher See. Die Welt um mich herum ist so unscharf geworden, dass Kopfschmerzen und Übelkeit zu einer Dauerbegleitung werden. Beim Betreten einer Treppe, von Rolltreppen ganz zu schweigen, scheinen die wolkenweichen Stufenabsätze angeknabbert zu sein von Mäuse- und Rattenzähnen. Ein Einkauf im Drogeriemarkt wird zum Fiasko – bei der Körperpflege daheim creme ich mich mit Duschgel ein. Es kommt mir vor, als würde ich überall anstoßen, fremde Menschen anrempeln, über Hundeleinen stolpern. AugenBlicke wie diese machen mich unsicher, rütteln an meinem wieder gestärkten Selbstwertgefühl, das ich jetzt beschützen muss.

Mentale Unterstützung erfahre ich auf ganz wundersame Weise in einem anrührenden Brief einer liebenswürdigen Arbeitskollegin, die meine Kündigung zutiefst bedauert und mir gute Besserung wünscht. »Sie sind eine so wunderbare Frau, die mir sehr ans Herz gewachsen ist. Noch nie habe ich (hier) einen so charakterstarken Menschen, wie Sie es sind, kennengelernt.«

Mit so viel Schätzenswertem haben mich nur wenige bedacht. Wie wenig man von sich selber weiß.

15. Oktober 2014
Der innere Blick
E. sagte, ich hätte im vergangenen Jahr so viel über den Menschen wie über mich gelernt. Vielleicht sind es meine Augen, die mich näher zu mir selber bringen. Selbstbehauptungen verlieren an Notwendigkeit. Der innere Blick ist auf dem Weg, bei sich anzukommen. Dass meine Regentropfenaugen schwächeln, wirft mich nicht aus der Spur. Die Frage stellt sich nicht mehr, warum

mein Sehen nicht besser wird, vielmehr, wie ich noch besser damit umgehen kann.

Meine Friseurin schaut Lourdes-TV im Internet, lässt Heilkerzen anbrennen über ein Kerzen-Online-Portal. Erstaunlich. Irgendwie auch seltsam anmutend, ohne dass ich ihre Zuversicht je belächeln würde. Woran Menschen ihren Glauben hängen, bleibt ihre Überzeugung. Wo mein Glaube lebendig wird, ist meine Entscheidung.

In zwei Tagen wird in der Augenklinik wieder die Netzhaut meiner Regentropfenaugen abgelichtet. Ein bisschen lässt mich das jetzt an Wilson Bentley denken, Farmer und Schneekristallforscher aus Vermont in den USA. Wenn er unter dem Mikroskop Schneekristalle fotografierte, legte er den Blick frei auf die kleinsten wundersamsten Dinge, die so einzigartig und zerbrechlich sind wie der Mensch selbst.

Die Makula ist mein Kristall.

17. Oktober 2014
Viel Lebenslust war aus den alten Schriften zu ihm aufgeflogen. Bis weit nach Mitternacht habe ich mir aus Arthur Schnitzlers Meisterwerk »Später Ruhm« vorlesen lassen. Udo Samels eindringliche Vorleserstimme bringt jedes meiner Armhärchen zum Schwingen. Lange klingt sie in mir nach. Jetzt erst wird mir bewusst, wie sehr ich die Literatur, die ich nicht mehr lesen kann, vermisst habe ...

Meine Schreibtischuhr zeigt fünf Uhr und neunundvierzig Minuten an. In eineinhalb Stunden sitze ich wieder im Wartesaal der Augenklinik –

21. Oktober 2014
Warum? Ein Fragezeichen ohne Sinn –

Weißgraue bis gelblichbraune Nebelvorhänge mit schwarzem Punkteprint. Regenwürmer und Luftschlangen, die ihre Kreise ziehen. Und immer wieder, beinahe wellenartig ein leichtes Druckgefühl und Brennen in meinem erst vor zwei Wochen operierten Regentropfenauge.

Der Augeninnendruck ist stabil.
Der Visus sinkt weiter. Langsam, aber stetig.
Zwanzig Prozent mit Brillenkorrektur.

Das Vorgefühl hat mich nicht getäuscht. Wenn ich den Befund richtig zuordnen kann, haben sich in den Netzhautschichten meines Innenauges die Lamellen der Papille entzündet – sie bündeln die Nervenfasern des Sehnervenkopfes – und heben das retinale Pigmentepithel ab. Dass ein siebenhundert Mikrogramm cortisonhaltiges Implantat für mein gerade operiertes Regentropfenauge notwendig wird, macht mich sprachlos.

Der Antrag auf Kostenerstattung einer intravitrealen Medikamenteneingabe ist auf dem Postweg zu meiner Krankenkasse. Es wird zwei bis drei Wochen dauern, vielleicht früher, bis der Bescheid aus der hanseatischen Großstadt in meiner Leselebensweltenwohnung eintrifft. Die freundliche Dame im Ambulanten Operationszentrum hat mir die direkte Durchwahl zu ihrem

Zimmer mitgeteilt. »Damit wir zügig einen Termin ausmachen können.«

Ob das Regentropfenauge noch zu retten ist?

Es war das Äugelchen, auf das ich mich verlassen konnte, auf das sich die Sehkraft des schwächeren Auges gestützt hat. Und nun scheint es, dass es immer weniger Lebenskraft hat, um mir mit seinem Licht den Weg zu leuchten.

Ein Trost, dass ich in vier Wochen einen ersten Beratungstermin in der Sehhilfenambulanz der Augenklinik vereinbaren konnte. Zwei Lieblingsbücher werde ich zum Probelupenlesen mitbringen. Welche Titel mir zur Seite stehen werden, habe ich noch nicht entschieden. Nur nichts Dunkles, Tragisches, Dramatisches. Heiter sollte meine Sehhilfenlektüre sein.

23. Oktober 2014
Nicht ALLES hinterfragen müssen
»Wir sehen das nicht gern, nach einer OP«, hatte der aufmerksame Augenklinikarzt zu mir gesagt. Mit dem Blick auf das OCT meines gerade operierten Regentropfenauges fügte er hinzu, dass wir hier was machen müssten. Ob nun die Anhebung der Nervenfaserlamellen in der Netzhautschicht, wie auch immer der Bereich der Papille fachgenau bezeichnet werden kann, und der damit einhergehende Sehverlust eine Folge der OP sein könnten – die Frage stelle ich mir nicht mehr. Wie ich überhaupt an meinem Empfinden mit der Zeit bemerkt habe, dass ich gar nicht ALLES hinterfragen möchte.

Nicht dass ich dafür plädieren will, Patienten und ihre Angehörigen im Unklaren zu lassen. Mir scheint nur mit zunehmender
Erfahrung, dass ein aufgeklärtes Wissen im Detail Gefahr laufen
kann, sich in der Abwägung von Möglichem und Wahrscheinli-
chem zu verirren. Sich unbekümmerter mit einer chronischen
Erkrankung auf das Leben einzulassen, hält mir den Blick frei,
meinen Verlust an körperlicher Unversehrtheit mit der Zuversicht auszugleichen, dass das, was nicht mehr möglich ist, anders
lebbar sein kann.

Offen über den Mangel zu sprechen, aber diesen nicht zerreden,
sich nicht zermürben, das ist mein persönlicher Umgang, um den
ich mich bemühe. Er stellt nicht mehr alle Fragen, weil es nicht
auf ALLES eine Antwort gibt.

Schreiben trägt mich über Fragen hinweg.

24. Oktober 2014
Lebenshunger
Etwa Anfang Zwanzig war die junge Frau, der ich vor einer Woche im Wartesaal der Augenklinik begegnet bin. Sie hatte sich
neben mich gesetzt, mit einem freundlichen, aber verschämten
Lächeln. Ihr Rucksack stand eingeklemmt zwischen ihren Füßen.
Sie öffnete den gutgefüllten Synthetikbauch, fischte aus bunten
Plastikboxen belegte Semmeln mit einem geradezu gierigen Ap-
petit, der mir unheimlich war, ohne dass ich mir meine Verwun-
derung anmerken ließ. Mit der Zeit kam es mir vor, dass es ihr
unangenehm war, immer wieder in den Rucksackbauch zwischen
ihren Füßen greifen zu müssen. Der herzhafte Geruch von Leber-
käs stieg mir in die Nase. Um die Situation zu entspannen, sagte
ich vorsichtig, dass es gut sei, sich in die Augenklinik etwas zum

Essen mitzubringen. Die Wartezeit sei oft lang. Und ich hätte inzwischen auch Hunger bekommen, »nur heute nichts dabei«. Still schauten wir uns von der Seite an. Die junge Frau hatte ein hübsches rundes Gesicht, die Haut glatt, ohne jede Unreinheit. Das Alter war ihren sanften Zügen noch nicht eingeschrieben. Aufgeweckt und blühend wie eine Zwanzigjährige strahlte sie mich an. »Letztens habe ich sechs Stunden warten müssen und beinahe meinen Zug verpasst.« Sie senkte ihren Kopf. »Ich muss immer was zu essen dabeihaben. Elende Fressattacken.« »Da sind sie nicht allein«, sagte ich leise zu ihr. »Diesen Hunger haben hier viele von uns.« Vielleicht war es meine Stimme, die ihr Vertrauen weckte. Sie erzählte mir mit einer Offenheit und Lebendigkeit von sich, als würden wir uns jeden Freitag in der Augenklinik verabreden, zum Wartesaalbrunchen für Regentropfenaugenmenschen.

Seit ihrem dritten Lebensjahr war sie auf ihrem linken Auge blind. Ihr rechtes Auge hatte noch eine Sehkraft von fünfzehn Prozent.

Die Familie, vor allem ihre Schwester, unterstützten sie mit allen Kräften und hätten ihr beim Umzug in die erste eigene Wohnung geholfen. Stolz wäre sie, selbstständig zu sein. Das wollte sie unbedingt bleiben. Traurig wäre nur, dass sie keinen Führerschein machen darf. In ihrer Clique hätten alle einen Führerschein. Und ein eigenes Auto. »Ich habe auch keinen Führerschein«, sagte ich. »Und dabei hätte ich ihn noch machen können, als ich in ihrem Alter war. Es hat mich wohl einfach nicht interessiert.« »Echt?«, fragte sie erstaunt. »Haben sie einen Mann, der sie fährt?« Ich lachte. »Nein. Auch keinen Liebsten. Obwohl es schön wäre, mal abgeholt oder nach Hause gebracht zu werden.« Wir kicherten leise und verträumt vor uns hin.

»Ich habe seit zwei Jahren einen Freund«, sagte sie. »Dass der das alles mit mir aushält.« »Der sieht was ganz anderes«, sagte ich und lächelte sie wieder an. Ihr Gesicht strahlte jetzt in diesem ganz eigenen Glanz, der einen umfängt, wenn man liebt. »Er ist ein Schatz. Und das sage ich ihm jeden Tag.« »Und es wird ihn glücklich machen«, sagte ich. Im Stillen dachte ich noch, dass er ein besonderer junger Mann sein muss. In diesem Alter zählt oft noch so viel anderes mehr als Innigkeit, die aus dem Herzen kommt. Sie wollte noch etwas zu mir sagen – da erschien mein Name auf dem Display der Wartesaalanzeige. Ich hörte die Computerstimme meinen Namen sagen: »Bitte in den Untersuchungsraum 5!«

25. Oktober 2014
Ein ganzes Leben in einem Satz
Aus dem Allgäu ist eine Frau, gebürtig aus Gera, mit ihrem zweitältesten Sohn angereist, der von Beruf Koch ist und vor einem Jahr eine Thailänderin geheiratet hat, die in der Zeit, während Mann und Schwiegermutter in der Augenklinik verweilen, das Mittagessen zubereiten wird, gefüllte Paprikaschoten mit Reis, die an diesem Tag spät auf den Tisch kommen werden, auf den Mittagstisch, weil Mann und Schwiegermutter erst am Nachmittag ins Allgäu zurückkehren, um bei Tisch zu besprechen, wann der Sohn am nächsten Morgen seine Mutter aus ihrem Haus im Allgäu abholen wird, denn diese will in aller Frühe mit einem Flieger nach Gran Canaria abheben, um auf der kanarischen Insel ihre alten Freunde aus Gera zu treffen.

»Das ist dort fast wie früher«, sagt sie noch zu mir, während wir auf unsere Netzhautuntersuchung warteten. Und leise, wie zu sich selbst, hörte ich sie flüstern: »Wenn ich nur keine Spritze ins Auge bekomme ...«

26. Oktober 2014
Von den Rändern zur Mitte hin
Wieder spricht der Gedanke mich an, dass ein Tagebuch das Leben erzählt, nicht erklärt. Auch ein Augentagebuch wie meine Sehnotizen, die mir im Erzählen etwas sichtbar machen, was ich nicht erklären kann. Das, was ich in meiner Einfachheit und Schlichtheit mit Worten aufzeichne, tagtäglich oder in unregelmäßigen Zeitabständen, verlangt nicht nach Metaphern, sucht nicht nach Symbolen, überhöhten Bildern. Das Schreiben wird nicht zu einer Inauguration meiner Regentropfenaugen. Was ich erzähle in meinen Sehnotizen, fällt mir von den Rändern zur Mitte hin zu. Das Erlebte am Rande, so möchte ich sagen, erzählt sich selbst, legt sich frei in der Makula meiner Regentropfenaugen.

Wenn ich mein Augenlicht verlieren würde, wo bliebe das Erlebte, wenn es mir nicht mehr zufiele von den Rändern zur Mitte hin. Es würde sich vielleicht an eben diesen Rändern eine Rinde bilden, an der sich das Erlebte ablesen ließe. Eine Rindenmitte, die sich verstärkt und schützt und nachwächst.

Auch darum will ich weiterschreiben in meinem Augentagebuch, aufmerksam und achtsam bleiben.

29. Oktober 2014
Anflug einer frostigen Wintererkältung. Nur zwei Tage, bevor in meinem gerade erst operierten Regentropfenauge ein Medika-

menten-U-Bötchen zu Wasser gelassen wird. Ich bleibe daheim, wärme mich mit Ingwer-Honig-Heißgetränken, lutsche Halspastillen, inhaliere Kamillenbäder, um das Immunsystem, geschüttelt und gerührt nicht nur vom Jahreszeiten-Jetlag, zu beruhigen. Es wird bei einem Schnäuzanflug bleiben, der sich davonschleichen wird, verspricht mir die heisere Bauchstimme. Ich bleibe zuversichtlich, verdränge Zukunftssorgen, weil oft vieles anders kommt, als man denkt. Wie gut, dass die Seele diesen Schutzmantel in sich trägt. Und wie gut es ist, Vertraute um sich zu haben, die die Hand ausgestreckt halten, auch wenn man gerade mit sich selbst beschäftigt ist. Das ist für mich Freundschaft, im Herzenssinne auch Liebe, die bleibt.

Was mir nachgeht, sind die Gedankenaufrufe von Heike Herrmann im Vorwort ihres Hörbuches »Blinde Schönheit. Authentische Texte von blinden und sehbehinderten Frauen«:

»Trau dich, schön zu sein, denn du bist es!«
»Wer blind ist, kann nicht sehen, aber sich zeigen.«
Wer sein Augenlicht verliert, verliert nicht den Kontakt zu seiner Selbstwahrnehmung – Schönheit strahlt nach außen.

1. November 2014
Geisterstundengrusel
Überstanden ist der Regentropfenaugentag im Ambulanten Operationszentrum. Beinahe hätte dieser eine andere Wende genommen als angedacht. Das Gezerre hat mich unnötig Kraft gekostet, mental wie körperlich – das Immunsystem hat nachgegeben, ich liege mit einer fiebrigen Erkältung im Bett, gereizte Stimmbänder, die keinen Spatzenton mehr von sich geben, und einem Böllerhusten, der mich schüttelt wie das Hundegebell

eines kläffenden Straßenköters. Zudem verleiht das blutrotunterlaufene Äugelchen meiner blassen Erscheinung im schneeweißen Bademantel den Reiz eines blutrünstigen Wesens aus dem dunklen Reich der Halbtoten. Halloween lebt! Nur gut, dass ich immer-wieder-immer-noch über mich selber lachen kann ...

Frohgemut saß ich gegen neun Uhr in der Anmeldung der Augenklinik, mit der Zuversicht an meiner Seite, dass ein Medikamentenimplantat für mein Regentropfenauge im OP bereitliegt. Die zu erwartende Voruntersuchung schien mir notwendig, aber nicht allzu entscheidend zu sein, was sich als böser Trugschluss erwies, obwohl ich erst vor zwei Wochen zur postoperativen Kontrolle in der Spezialsprechstunde der Augenklinik war. Ich hatte großes Glück gehabt, dass an diesem Tag der Spezialist anwesend war und sich kurz Zeit für meine Augen nahm. Seine Beurteilung in Frage zu stellen, wäre mir zu diesem Zeitpunkt nicht in den Sinn gekommen. Eine Assistenzjungärztin hingegen glaubte-meinte-glaubte, den Befund des Spezialisten ganz anders sehen zu müssen. Warum mir denn ein Medikamentenimplantat gespritzt werden sollte, so kurze Zeit nach der Netzhaut-OP. Ich sollte vielmehr Geduld haben und meinen Regentropfenaugen Zeit geben. Vieles würde von selber ausheilen. Eine weitere Netzhautuntersuchung würde ihr Klarheit bringen, meinte sie schließlich mit einer eingefrorenen Freundlichkeit, die mir so überheblich und zugleich unsicher schien, dass ich mich fremdschämte. Dafür müsste ich heute länger in der Augenklinik warten, hörte ich sie noch sagen, ohne dass sie mir beim Sprechen ihren Blick zuwandte. Von Respekt und Kommunikation auf Augenhöhe konnte hier keine Rede sein.

Ich wartete über zwei Stunden, bis ich die Einverständniserklärung zu meiner OP unterschreiben durfte. »Der Professor sieht immer das ganze Auge«, meinte die Assistenzjungärztin missmutig zu mir, und ich musste mich fragen, was sie sieht, wenn sie einen Patienten vor sich hat. Beim Verlassen des Voruntersuchungsraumes gab sie mir mit einem eigenwilligen, nachdrücklichen Unterton zu verstehen, dass zu ihr »ältere Menschen mit anderen Augenerkrankungen« kämen. Vermindertes Sehen kennt kein Alter, dachte ich nur.

Meine Zuversicht war dahin. Die Kraft mental wie körperlich aufgebraucht. Ich wollte keine OP mehr, kein Implantat, keine Mut-Mach-Spritze. Kein Augenarztgespräch. Keinen Mitpatientenkontakt. Für einen AugenBlick hielt ich inne, setzte im Treppenhaus meine Schultertasche auf einer Stufe ab, überlegte, zu gehen, mit meiner Patientenakte unter dem Arm die Augenklinikwelten zu verlassen, für alle Zeiten – es wäre nicht aufgefallen. Der vermaldedeite Geisterstundengruseltag in der Augenklinik hatte noch andere Schlamassel mit mir vor, die ich mir nicht entgehen lassen konnte. So bin ich geblieben.

Davon berichte ich später, liebes Augentagebuch. Jetzt trinke ich Hustentee und lege mich schlafen...

2. November 2014
Mir eine derart heftige Bronchitis eingefangen zu haben. Sie erschüttert mich wie ein Erdbeben auf höchster Stufe. Und mit jedem Nachbeben kann ich nur hoffen, dass die Netzhaut meiner Regentropfenaugen hält, keine Einblutung, keine Entzündung das Sehen weiter behindert ...

Dass ich Dir wieder von meinen Augenklinikschlamasselerlebnissen berichten kann, liebes Augentagebuch, meine Gedanken bei

Dir ablegen darf, erleichtert mich. In der Regel macht man sich keine Freunde, wenn man über Erkrankungen öffentlich spricht oder schreibt. Die Konfrontation mit der Angst vor Krankheit, Zerbrechlichkeit und Verlust ist immer auch eine Berührung mit der Angst vor dem eigenen Sterben, die sich in den Herzen und Köpfen vieler versteckt hält. Man will sich nicht von ihr anrühren, erschüttern lassen, was ich ohne jede Bitterkeit und mit Verständnis nachempfinden kann, auch wenn wir dieser Angst nicht ausweichen können. Krankheit, Zerbrechlichkeit und Verlust gehören zu meinem Leben. Ich spreche und schreibe darüber, immer schon – nicht aus Traurigkeit, nicht aus Angst, vielmehr aus tiefer Liebe zum Leben, mit all seinen Facetten.

Ich war geblieben. Mit meiner Patientenakte unter dem Arm stolperte ich die breiten Treppenstufen hinauf in den zweiten Stock der Augenklinik. In der Anmeldung des Ambulanten Operationszentrums übergab ich die Unterlagen mit Rezeptanweisung und meiner Einwilligungserklärung zur OP einer Dame, die mir den Weg in die OP-Katakomben wies. »Sie wissen ja, wo´s langgeht.«

Der Vorraum war menschenleer. Kein Patient saß auf den schwarzen Ledersesseln. Keine Schwester lief eilig den Gang entlang. Keine Stimmen waren aus den verschlossenen Räumen zu hören. Ich war allein, setzte mich auf einen Stuhl, der neben einem Blutdruckgerätetisch stand, und wartete. Die Uhr zeigte inzwischen nach Zwölf an. Mittagszeit. Hier würde sich erstmal nicht viel bewegen, dachte ich nur und wartete – vierzig Minuten. Fünf Minuten vor Eins zeigte sich flüchtig eine Schwester. Sie würde bald kommen, rief sie mir zu, löffelte dabei irgendetwas aus einem durchsichtigen Plastikbecher. Nach dreizehn Uhr füllte sich der Vorraum mit wartenden Patienten im Alter zwischen fünfundsiebzig bis fünfundachtzig Jahren.

Ein kurzer Gedankensprung, liebes Augentagebuch. Ich übergehe die Prozedur, wie wir für die OP eingekleidet wurden ...

Die operative Einbringung des Medikamentenimplantats erfordert eine aufmerksame Kommunikation zwischen dem Operateur und dem Augenpatienten, der auf dem OP-Tisch liegt. Damit das Implantat mit Druck in das Auge eingeschossen werden kann, muss der Patient seinen Kopf ruhig im Schalenbett halten, was sich nicht unbequem anfühlt. Entscheidender ist, dass der Patient im Augenblick der Einspritzung nach rechts oder nach links schaut, je nachdem, welches Auge für eine intravitreale Injektion anvisiert wird. Der Operateur meines Regentropfenauges war ein junger, sympathischer Arzt, der vorsichtig und bemüht war, das Implantat ohne Einblutung in meinem Auge einzubringen. Allerdings machte er einen waghalsigen Fehler, aus Konzentrationsmangel, Unaufmerksamkeit, aus Angst oder Nervosität, ich mag es nicht ergründen – er verwechselte die Seiten, gab mir wiederholt die falsche Anweisung, in welche Richtung ich schauen müsste. Hätte ich vor Einschuss nicht kurz innegehalten, um die von ihm angewiesene Blickrichtung mit ihm abzuklären, wäre eben dieser Schuss ins Auge gegangen und hätte meine Pupille, die Linsenkapsel zerstört.

Ärzte sind keine Götter in Weiß. Ich sehe in ihnen immer den Menschen, der helfen und heilen will mit den Möglichkeiten, die der Medizin zur Verfügung stehen – ein Mensch, der aber eben auch fehlbar ist. Als Patient darf ich keine Wunder von Göttern in Weiß erwarten, aber Glaubwürdigkeit und Vertrauen in der Kommunikation eines Arztes, Aufmerksamkeit und Konzentration eines Operateurs. So sympathisch und freundlich der junge Arzt auch war, seine unzureichende Kommunikation könnte einem Patienten schlimmstenfalls das Augenlicht nehmen.

3. November 2014

Dass es noch jemanden gibt, der auf sie wartet …

Hitzeschübe, Schwindel, Kopfschmerzen. Eine Körpertemperatur unter vierunddreißig Grad. Die Bronchitis gräbt sich immer tiefer in den Brustkorb ein. Meine Schniefnase schnäuzt sich zum Davonlaufen schön. Wenn die vermaledeite Entzündung auf ihrer Wanderschaft durch meinen Organismus nur nicht in die angeschlagenen Regentropfenaugen zieht. Die Praxis meiner Internistin ist heute noch geschlossen. Morgenfrüh klopfe ich an ihre Tür – die bewährten Hausmittelchen brauchen antibiotische Unterstützung.

Ein Bild in meinem Kopf will noch aufgeschrieben werden, über die Einkleidung im Ambulanten Operationszentrum. Wie eine Schar von Kleinkindern stellten wir uns in einer Reihe auf, die Schwestern zogen uns feinmaschige, textilblaue OP-Hemden mit weißen Stretchbündchen über, teilten OP-Häubchen und Überzieher für unsere beschuhten Füße aus. Eine über achtzigjährige Dame mit verkrümmten Rheumafingern versuchte hilflos, ihre silbrigweißen Haarlocken unter dem dünnen Textilhäubchen zu verstecken. Ein Herr mit leicht geröteten Wangen fingerte vergeblich die Überzieher auf die Spitzen seiner beschuhten Füße – sie rutschten immer wieder ab. Da er sich nur schwer bücken konnte, nahm ich ihm die Plastikschuhbeutel vorsichtig aus den Händen, er hielt mir seine Füße entgegen, ich zog sie ihm leicht über. Es war ihm zunächst unangenehm, dass ich als jüngere Mitpatientin das für ihn tat. Und doch schien er sehr erleichtert zu sein. Um die Situation zu entspannen, sagte ich mit leichter Heiterkeit, dass wir uns hier doch gegenseitig helfen würden. Dankbar lächelte er mich an, drückte dabei so fest meine Hand, dass sie mir weh tat.

Dass ich selber gerade auf einen ambulanten Eingriff in meinem Regentropfenauge wartete, schien ich nicht vergessen, aber wie aus dem Blick gelegt zu haben. Vordergründig beschäftigte mich der Gedanke, warum niemand die Notwendigkeit sieht, hier unmittelbar zu helfen. Die ehrenamtlichen Damen mit ihren steifgebügelten Schürzen um den Hals kamen mir in den Sinn. Sie regierten im Erdgeschoss der Ambulanz, delegierten bisweilen übergriffig Patienten und ihre Angehörigen, die noch gar nicht angekommen waren. Hier oben saßen auf einer schmalen Bank vor dem ambulanten OP-Saal stündlich mehr als eine Handvoll Menschen, ältere Herrschaften mit einer bewegten Lebensgeschichte, allein und hinfällig, denen die Hilflosigkeit und Angst ins Gesicht geschrieben stand. Ich dachte an meine Eltern denken. Sie wollten leben. Und der Tod hatte zu früh seine Hand nach ihnen ausgestreckt.

Ob die Dame mit den silbrigweißen Haarlocken eine Tochter hat, die sie abholen würde, mit ihr zusammen Kaffee trinkt? Und der ältere Herr mit den roten Wangen, ob ein Jungmannenkel seinen Opa im Auto nach Hause fährt?

Ich wünschte es ihnen, aus tiefstem Herzen, dass es noch jemanden gibt, der auf sie wartet.

4. November 2014
Wenn es Tag wird
Die elende Bronchitis lässt mich nicht schlafen, hustet mich aus dem Bett, gegen die Wand. Wenn ich heute nur ein Medikament verschrieben bekäme, das den grölenden Traktor in meinem Brustkorb zum Stillstand bringt. Ich bin so erschöpft von seinem lautstarken Beben…

In acht bis zehn Wochen ist eine Nachkontrolle in der Augenklinik angedacht. Die missmutige Assistenzjungärztin im Voruntersuchungsraum ließ zunächst offen, ob ich in jener oder in einer anderen Sprechstunde vorstellig werden dürfte. Und dass, obwohl ich seit nunmehr neun Jahren Stammpatientin in einer Spezialsprechstunde bin. Die Unverbindlichkeit, mit der ich entlassen wurde, machte mich sprachlos.

E. empfiehlt mir, Gras über die Ereignisse wachsen, jahreszeitengemäß Schneeflocken auf das Erlebte rieseln zu lassen. Es sei auch viel Gutes geschehen, wie die große Netzhaut-OP, die mein Regentropfenauge überstanden hatte. In der hiesigen Augenklinik könnte ich eine Kopie meiner Patientenakte anfordern, was mein Recht sei. E. würde mich in eine andere Augenklinik fahren, auch wenn es eine Tagesfahrt beanspruchen würde. »Es wird doch irgendwo jemanden geben, der sich um dich kümmert«, sagte sie in schwesterlicher Fürsorge.

In den letzten Wochen des Jahres werde ich darüber nicht länger nachdenken. Was als Bestmögliches zu tun sei, wird sich von selber einstellen und zu mir sprechen.

Dir, meinem Augentagebuch, werde ich weiter meine Sehnotizgedanken anvertrauen. Weil Du mir zuhörst, auch in der Nacht, wenn ich nicht schlafen kann. Jetzt ist es Tag geworden, endlich.

5. November 2014
Angriff der Streptokokken
Gemeine Streptokokken haben sich in meinem Kehlkopf eingenistet, wandern in meine Ohren, krabbeln durch die Nasennebenhöhlen, rütteln an meinem Herzschlag. Elendes Gelump, die

Streptokokken. (Zur klinischen Bestätigung werden sie noch von meinem Rachenabstrich angebrütet im Labor.) Mit Vorliebe suchen sich diese gemeinen Kokken Organismen mit einer geschwächten Immunabwehr, meinte meine Internistin, die mir ab sofort eine Zehn-Tage-Kur mit Penicillin verschrieben hat. Außerdem Paracetamol gegen das Fieber und die Schmerzen. Codeintropfen für die Nacht, um nicht vom Brüllaffenhusten wachliegen zu müssen. »Ende der Woche sehe ich Sie wieder«. Und »ruhen Sie sich aus«. Anderes kommt mir auch gar nicht in den Sinn als NICHTS zu tun. Sitzen. Liegen. Zwischendurch ein selbstgeköcheltes Hühnersüppchen löffeln. E. hat ein französisches Suppenhuhn gekauft, dazu schwäbische Fadennudeln und Suppengemüse.

Im Gefecht der Hühnersüppchenenzyme gegen den Angriff der gemeinen Strebtokokken habe ich meine Regentropfenaugen beinahe vergessen. Hoffentlich hört dieser Immunspuk bald auf – meine Kräfte, mental wie körperlich, sind aufgebraucht.

Liebes Augentagebuch, ganz unter uns gefragt, glaubst Du, das kommende Jahr könnte ein besseres Lebensjahr werden, mit ein bisschen mehr Glück, mehr Gesundheit und Liebe. Ach, ich weiß, es ist wieder zu viel, immer zu viel gewünscht …

6. November 2014
Zuversicht erschreiben
Dass nur die gemeinen Strebtokokken nicht in meine Regentropfenaugen wandern, gibt die Frau Mäusedoktorsche zu bedenken und wünscht mir auf elektronischem Postweg, die Ohren steif zu halten. Meine Löffel bleiben wachsam, schreibe ich ihr zurück, auch wenn ich mich müde und erschöpft fühle wie ein Hase auf

der Flucht vor donnernden Jagdgeschossen. Wenn die gemeinen Strebtokokken ihren Nistplatz schon in meinen Regentropfenaugen eingerichtet hätten, müsste ich tiefgerötete Bindehäute wie ein schluchzendes Konjunktivitiskaninchen haben, eigentlich ...

Mir scheint, langsam werde ich mir wieder ähnlicher. Die Heiterkeit kehrt zurück. Und mein Blick in die Tierwelt öffnet die mentalen Schleusen der Bewältigung. Mut-Mach-Hasen und Streichelkaninchen können eben auch Erwachsene meiner Altersgruppe trösten. Bis ich wieder auf die Beine komme, braucht es noch ein wenig Geduld und Zeit. Gemeine Strebtokokken.

Das U-Bötchen-Implantat hat sich in meinem Regentropfenauge blicken lassen. Für einen AugenBlick drehte es seine Runde, einmal um sich selbst herum, und dockte sich wieder irgendwo an der Netzhaut an. Ein ziemlich träger Brocken, der an den Rändern seltsam grünlich schimmert wie ein verrosteter Kahn. In Gedanken rief ich noch »Ahoi« und »Gute Fahrt« – und schon tauchte das U-Bötchen wieder ab. Möge es an einer Netzhautstelle vor Anker gehen, an der seine Fracht noch am dringlichsten gebraucht wird. Weitere Eingriffe will ich meinen beiden Regentropfenaugen auch nicht länger zumuten.

Kein therapeutischer Aktionismus mehr.
Keine diagnostischen Ausflüchte.

Die Sehkraft meiner Regentropfenaugen wird mit der Zeit weiter abnehmen. Und ich werde mit dem Verlust mental wie geistig mitwachsen. Mit diesem Entschluss fühle mich jetzt erleichtert.

Sollte ich in acht bis zehn Wochen die Augenklinik noch einmal aufsuchen, werde ich meine Haltung klar und bestimmt formu-

lieren. Die Frage bleibt für mich, was ich noch von einer Augenklinik erwarten kann. Eine Versorgung im Notfall. Eine Betreuung, im Unterschied zu einer Behandlung, eher nicht. Das wird
mir wieder bewusst. Es macht den Unterschied aus zu Mitpatienten, die in einen therapeutischen Behandlungsplan eingebunden
sind. Ich wünschte mir eine Behandlung und eine Betreuung,
sowie Empfehlungen für die tägliche Lebens- und Berufspraxis,
auch Trost und Zuwendung im Gespräch – dafür ist eine Augenklinik kein Ansprechpartner. Auch Patientengruppen nicht, in
denen aus meiner persönlichen Erfahrung nur oft konkurrieren-
de Interessen Einzelner, Vereinsklüngel und regionale Geheim-
niskrämereien herrschen.

„Du bist Dein eigener Ansprechpartner", sagt E. tröstend zu mir.

Und während ich Dir davon erzähle, liebes Augentagebuch,
schreibt sich die Zuversicht ganz von selber mit -

7. November 2014
»Und ich denke wieder darüber nach«, lese ich in den persönlichen Zeilen einer Gedankenbegleiterin, »wie ich mich mit meinem Wissen und Möglichkeiten, sinnvoll einbringen könnte. Ich
denke wieder mehr über das Schreiben nach als einen Teil davon. Auf alle Fälle aber ist es wichtig, nicht länger zu schweigen
... Und deshalb danke ich Dir für deine Einblicke.«

Sich einbringen zu können, mit erworbenem Wissen, gelebten
Erfahrungen, eigenen Möglichkeiten. Das Bedürfnis ist mir vertraut, weil es aus meiner persönlichen Sicht immer auch eine
Suche ist nach einem Platz im Leben, an dem der Einzelne in einer Gemeinschaft gebraucht wird.

Gerade habe ich in einem Buch der Ärztin und Schriftstellerin Rachel Naomi Remen zu lesen begonnen, nur zwei Seiten am Tag – das Lesen mit einer Lupenleiste ist mühsam. Ihre Geschichten »Aus Liebe zum Leben« erinnern mich daran, dass »hinter allen Geschichten eine Geschichte steht. Diese eine große Erzählung«, die davon handelt, »wer wir sind, warum wir hier sind und was uns trägt«.

Als Patientin fällt es mir im AugenBlick schwer, an eine Antwort zu glauben. Als Mensch achte ich darauf, in der Begegnung mit anderen eine Antwort zu leben. Als Eine, die mit Literatur lebt, schlage ich in den Büchern meines Lebens nach:

»Leben Sie jetzt die Fragen. Vielleicht leben Sie dann allmählich, ohne es zu merken, eines fernen Tages in die Antwort hinein.« (Rainer Maria Rilke: Briefe an einen jungen Dichter)

8. November 2014
R wie Resistent gegen Penicillin. Der Erregernachweis aus dem Labor legt noch ein hartnäckiges Bakterium frei. Der kleine Kehlkopfdeckel hat sich entzündet. Noch sieben Tage lang ein spezifisches Antibiotikum schlucken, das verspricht, dem Bösewicht in mir den Garaus zu machen. Meine Regentropfenaugen kümmern sich nicht um ihn, schenken seinem Treiben keine Beachtung –

11. November 2014
– ABWARTEN –

12. November 2014
Bebrütet oder Abgebrüht
Perfide, das unheimliche Wachsen und Vermehren eines bösen
Erregers, der mein Immunsystem weiter schwächt. Noch perfi-
der, wenn ein geschwächtes Immunsystem empfänglich bleibt
für einen bösen Erreger, der nicht zum Aufgeben bereit ist. Phi-
losophisch stellt sich wieder die Frage nach der Henne oder dem
Ei. Eine Blutentnahme im Labor meiner Internistin wird zumindest klären, ob das Ei noch von einer Henne bebrütet wird ...

Zur Stärkung meines Immunsystems sind zusätzlich Trinkampul-
len und Infusionen vorgesehen.

13. November 2014
Kein anämischer Wunschzettel
Ob es das noch für mich geben wird
ein unversehrtes Lebensjahr
aus dreihundertfünfundsechzig unversehrten Lebenstagen
Gesundheit lässt sich nicht wünschen
Liebe auch nicht
Insgeheim schreibe ich sie auf meinen Wunschzettel –

Die Blutröhrchen sind auf dem Weg ins Labor. Meine Internistin
drückt mir fürsorglich die Hand. Sobald das Ergebnis per Fax in
ihrer Praxis eingetroffen ist, will sie mich anrufen. Unverzüglich.

14. November 2014
Der Bluterguss in meiner Armbeuge weitet sich aus zu einem
schwarzblauroten Moderteich – das Laborfräulein hat daneben
gestochen. Jedes Mal sticht eine andere zu. Und jedes Mal wer-

den sie unruhig, die Fräuleins in ihren weißen Gummihandschu-
hen. Mit kräftiger Daumenwucht drücken sie auf meine Armve-
nen, die sich vor Schreck wegrollen wie Gummitwistbänder,
wenn ihnen jemand unsanft auf die Füße tritt. Entscheidend ist
der Winkel, wie die Nadel unter die Haut geschoben wird. Anders als bei einer Injektion, die flach angesetzt wird. Wenn das
Laborfräulein verzweifelt nach einer behandschuhten Laborkol-
legin ruft, würde ich ihr am liebsten die Gerätschaften aus den
ratlosen Gummihandschuhhänden nehmen und mir selber den
dunkelroten Lebenssaft abzapfen. Das Prozedere im Vampirkos-
tüm habe ich unzählige Male erlebt. Es müsste mich zutiefst
langweilen, darüber nur ein Wort zu verlieren.

An manchen Tagen reagiere ich überempfindlich auf nichtssa-
gende Belanglosigkeiten –

16. November 2014
Neue Wege
Ich lese wieder –
Nicht TROTZALLEM, gerade DESHALB.

18. November 2014
Zeit des besseren Sehens
Das Medikamentenimplantat in meinem Regentropfenauge zeigt
seine Wirkung. Der Glaskörper erscheint klar wie ein Bergsee,
ohne Algentrübungen und schädlichem Unrat. Auch wenn meine
Zeit des besseren Sehens begrenzt ist, im anderen Regentropfenauge hielt die Bergseesicht mit Medikamentenimplantat
sechs Wochen an – ich will diese Sehlebenszeit nutzen für eine
Neuorientierung. Dazu gehört das äußere wie das innere Aus-

räumen von überflüssigen Fragen und sinnentleerten Lasten. Wenn der klare Bergsee in meinem Regentropfenauge wieder hinter dichten Schleiern abtauchen wird, möchte ich ein befreites und befriedetes Selbstgefühl haben.

Therapeutische Behandlungsmaßnahmen werde ich in der Augenklinik nicht mehr in Anspruch nehmen. Das, was ich mir für die Sehzukunft wünschen würde, wäre eine zuverlässige und vertrauensvolle Betreuung. Dazu gehören für mich vor allem Rat und Empfehlungen, Zuversicht und Trost, auch Zeit und ein bisschen mehr Aufmerksamkeit im Gespräch. Im Klinikbetrieb wird mir kein Mediziner diesen Patientenwunsch erfüllen können. Auch darum schaffe ich mir eine neue Ausrichtung meines Lebensumfeldes, um diesen Wunsch nicht entbehren zu müssen und mir selber wieder mehr Zuversicht und Trost, mehr Zeit und Aufmerksamkeit geben zu können.

1. Dezember 2014
Oh, du fröhliche …
Aus Angst und Befremden vor meiner inneren Gereiztheit würde sich dieser Tage jeder Hund in seinem Körbchen verkriechen oder schleunigst vor mir davonlaufen, auf Nimmerwiedersehen. Zutiefst traurig, einen treuen Freund verloren, ja, vertrieben zu haben, bliebe ich allein in meinem Gram zurück und hockte wie Diogenes in der Tonne, auf einem Berg von Hundekeksen.

So verhält es sich mit einer sinnierenden Stöckchenwerferin, die ein Cortisondepot mit sich herumschleppt, gebunkert im Tank eines U-Bötchens, das in meinem Regentropfenauge untergetaucht ist. Eigentlich sollte das entzündungshemmende Medikament chronische Feuerbrände im hinteren Augenabschnitt in

Schach halten. Mir scheint es wieder, als gäbe es ein Leck, irgendwo in meinem Regentropfenauge, das Cortison würde tröpfchenweise durch das finstere Loch versickern und sein Unwesen in meinem Hormonhaushalt treiben. Die wechselhaften Frauenhormönchen wissen seither nicht mehr, wo ihnen der Kopf steht. Der aufgebrachten Schilddrüsendame geht mehr und mehr die Luft aus.

An Tagen wie diesen möchte ich mir selber nicht begegnen. Und doch ist ein Selbstgespräch unausweichlich. Erst schimpfe ich mit mir. Anschließend werde ich weinerlich. Das hält auf Dauer kein Hund, kein Mensch mit mir aus. Nur einer, der mich wirklich liebt.

2. Dezember 2014
In der Nähe bleiben
In meinem Sehfrustationswahnschub, der im schlimmsten Fall auch die Seele vernebelt, hatte ich mir erst vor wenigen Wochen eingeredet, nie wieder ein Buch kaufen zu wollen, weil es sich für meine Regentropfenaugen nicht mehr lohnen würde. Du lieber Himmel! Wer den eigenen Lebensgenuss auf den Prüfstand einer verteufelten Verwertbarkeit stellt, hat sich schon den letzten Schuss gesetzt. Dank einer nie versiegenden Selbstreflexion bin ich wieder bei mir angelangt, habe in einem modernen Antiquariat Sehnsuchtsbücher aufgelesen. Ob ich die kleinbuchstabigen Taschenbuchausgaben mit Leselupe erlesen kann, bleibt fraglich. Und doch schenkt mir die Literaturauflese ein Lebensglücksgefühl, das mir wieder ähnlich ist. Auf meiner Reise durch mein Lesezimmer drehe ich mich mit meinem Leselebenssessel in alle Richtungen und schaue mir still, beinahe liebevoll gerührt unzählige Bücherrücken an, die einfach da sind, für mich. Schon

das Wissen um die Nähe zu dem, was man liebt, wen man liebt, macht Tiefensinn und fragt nicht nach dem Warum.

3. Dezember 2014
Prekäres Örtchen
Hin und wieder, ohne dass es zur Gewohnheit werden darf, von menschlich allzu menschlichen Befindlichkeiten schreiben, über die ich öffentlich nicht sprechen würde. Mit nur wenigen Worten möchte ich damit andeuten, dass Cortison und andere fraglos hormonischharmonische Drogen nicht nur kirre im Kopf machen. Auch der Stoffwechsel irrt und verwirrt sich unter der Einnahme und ihrer bedingten Hormonschwankungen, bis hin zu einer Verstopfung, die dazu führt, dass der Mensch sein Häufchen tagelang mit sich herumträgt. Meine Ober- und Unterbauchbeschwerden werde ich hier nicht weiter ausführen. (Thomas Mann äußert sich in seinen Tagebüchern beinahe täglich und mit erstaunlicher Beobachtungsgabe über Verdauungsprobleme ...) Nur so viel sei gesagt, nach zwei Gläschen Marillenlikörchen bewegte sich was, die Verkrampfungen lösten sich – und ich kann wieder, vor allem über mich lachen.

Liebes Augentagebuch, ich verspreche, keine Unanständigkeiten zu Wort kommen zu lassen. Der Ton macht die Musik. Und manchmal muss gesagt werden, was drängt oder auch nicht –

5. Dezember 2014
Empathie und Achtsamkeit.

7. Dezember 2014
Abschiede werfen Schatten voraus. Der Netzhautchirurg, der meine Regentropfenaugen operierte, tritt in den Ruhestand.

Ich bin traurig, bestürzt, ertappe mich bei der selbstsüchtigen Sorge, was nun werden wird, wenn er nicht mehr da ist. Seine nach außen wirkende ruhige, unaufgeregte Art habe ich als Patient sehr geschätzt, gerade auch während der Operationen, in denen er stets konzentriert, aber liebenswürdig und einfühlsam mit mir sprach. Sein Fortgehen bedauere ich zutiefst, auch wenn ich ihm aus weiter Ferne als eine von zigtausenden Patienten, an deren Namen und Gesicht er sich nicht erinnern wird, Zeit für sich und seine Familie wünsche.

Verlustgedanken, die mein Herz anrühren, sind mein ärgster Seelenfeind.

11. Dezember 2014
Die Suche nach Antworten.

15. Dezember 2014
Die innere Hausapotheke.
Ohne Musik werden wir kontaktblind.

18. Dezember 2014
Gefühlte Weihnachtsfreude, auch wenn mein Immunsystem, ach, verflixt noch mal, wieder eingeknickt ist. Nach Streptokokken und Haemophilus influenzae hat mich erneut ein gemeines Bakterium in den Schwitzkasten genommen. Schleicht euch, ihr

verfluchten Kraftreservensauger, und sucht euch ein heimisches Plätzchen bei den Aasgeiern! Ich habe genug von euch und euren Marotten. Geht mir aus dem Licht! Ich will leben, mit einem gesunden Herzen, mit roten Blutkörperchen, die springen und hüpfen vor Lebensfreude, und einem Immunsystem, dass sich nicht wie unter einem Regenschirm vor jedem Windzug ducken muss.

Und ich will schnell gesundwerden, um mit E. Weihnachten feiern zu können…

19. Dezember 2014
Hirschkuh mit Herz
Guten Morgen, Leben! Heute gehe ich dir noch aus dem Weg, damit du dich nicht erschrickst vor meinem röhrenden Hirschhusten. Aus der Ferne schaue ich dir zu, wie du die Menschen auf den Fußwegen vor meinen Fenstern lenkst, mit Einkaufstüten und kabellosen Kontakten in den Händen, die sich in den Himmel schreiben. Manche von ihnen tragen Weihnachtsgesichter. Mit leuchtenden Augen. Und mit Schattenaugen. Meine Regentropfenaugen sind noch rot geschwollen, wässerig verschnupft und klein und schmal wie Briefkastenschlitze, die immer wieder zufallen, wenn der Hirschhusten röhrt. Wo bleibt die Liebe in diesen Tagen. Ich öffne nur mein Herz und schaue hinein.

20. Dezember 2014
Straßenköterweihnachten
Seit drei Uhr in der Nacht bis in die Morgenstunden brannte die Tischleuchte neben meinem Bett. Aus dem Tiefschlaf war ich

aufgewacht, verschwitzt und überhitzt. Das Fieber war zurück. Die feuchtkalte Nachtwäsche habe ich wechseln müssen und mir zur Vorsorge ein trockenes Badehandtuch auf das Bettlaken gelegt. Kopfschmerzen brennen seither wie Feuer in meinem Schädel und ziehen bis in den Nacken. Der elende Husten durchfährt meine Atemwege wie Blitz und Donner. Was bringt nur wieder mein Immunsystem zum Implodieren? Warum kann es nicht endlich stabil bleiben – Ich werde noch vor dem Fest ein anderes Antibiotikum brauchen.

Ich bin so ungehalten mit mir. Weil ich traurig darüber bin, dass es Weihnachten wird und ich mich hundeelend fühle wie ein regennasser Straßenköter...

21. Dezember 2014
Die kleine Tischleuchte neben meinem Bett ließ ich auch in der vergangenen Nacht bis in die Morgenstunden brennen. Das sanfte Licht beruhigt mich, wenn ich die müden Augenlider aufschlage, weil mich ein Hustenanfall aus dem Dämmerschlaf reißt. Oder ich mir den Waschlappen, der mein heißes Gesicht, meine brennenden Regentropfenaugen kühlt, im Badezimmer neu befeuchten muss. Überhaupt sind die Nächte unruhig. Und es kommt mir wieder vor, als hätten Bakterien wie Viren einen ganz eigenen Zeitrhythmus, eine Art innerer Bakterien-Viren-Uhr, die dem menschlichen Organismus mit der Infektion übertragen wird. So sagt man, dass Fieber bei Kindern wie bei Erwachsenen in den Abendstunden ansteigt, weil die Stoffwechselaktivitäten in der Nacht herabgesetzt sind.

Beeinflusst Licht die Fieberkurve?

WeihNACHTen. Ein Licht in der Nacht. Ich habe noch ein bisschen Hoffnung, mit E. Weihnachten feiern zu können.

28. Dezember 2014

Obwohl der röhrende Hirschhusten noch immer meine Bronchien verstopft, gestern, einen Tag nach Weihnachten, mein erster Weg in die Außenwelt. Eingemummelt in meine Winterdaunenjacke mit gefütterter Kapuze. Schneeschuhen mit Lammfellsohlen. Einen Wollschal dicht vor Mund und Nase gebunden, um nicht die eiskalte Winterluft einatmen zu müssen. E. hatte mich zum Frühstück in unser Lieblingskaffeehaus eingeladen, um mit mir süße Konditorköstlichkeiten zu schlemmen. Ein ofenwarmes Croissant, dick bestrichen mit Schokocreme und Butter. Dazu ein frisch gekochtes Ei, Orangensaft und Schwarztee mit Zitrone. Außerdem eine Scheibe Vollkornbrot, belegt mit Schinken und Frischkäse. Mein Bauch fühlte sich wieder wohlig warm gefüllt an. Ich sei ein »Klappergestell« geworden, hatte E. gemeint. Und alles, was ich an meinem Leib tragen würde, wäre in den letzten Wochen zu weit, zu lang geworden. Widersprechen konnte ich ihr nicht. Unter den Cordhosen trage ich Wollstrumpfhosen, die das Beinkleid auf der Hüfte und den Oberschenkeln fixieren wie Paketklebeband.

Die fiebrigen Infekte haben an mir gezehrt. Einen Tag vor Weihnachten hatte mir meine Internistin ein neues Antibiotikum verschrieben, das immerhin elende Fieberschübe zum Erlöschen brachte. »Ihre Immunabwehr ist zunehmend schlecht«, sagte sie. Im neuen Jahr sollte ich versuchen, mit einer Aufbaukur aus Infusionen und Injektionen mein Immunsystem zu stabilisieren. »Sie haben keine Reserven mehr.« Dieser Satz ging mir nach.

Keine Lebensreserven mehr zu haben. Beim Frühstücksgespräch mit E. sprachen wir darüber. Vielleicht war es wirklich so, dass meine Regentropfenaugen die Seele mehr belastet haben, als ich mir in den vergangenen Wochen und Monaten eingestehen wollte. Die Netzhaut-Op war zu einer Schadensbegrenzung geworden, mit der Folgeerscheinung, dass sich ein Sekundärglaukom entwickeln könnte. Die Eingabe des Cortisonimplantats wurde zu einem unerwarteten Risiko für mein Auge. Wenn ich jetzt darüber nachsinne, tief in mich hineinhorche, fühlt sich diese Angst an wie Verlassenheit. Es ist, als hätte sie einen Gedächtnisspeicher in meiner Seele angelegt, der sich öffnet, sobald eine Form der Angst in mir wach wird. Und es ist eben nicht die Angst vor Erblindung oder ein Auge zu verlieren. Mit dieser Bedrohung habe ich gelernt zu leben. Es ist vielmehr eine Angst, die unter der Haut sitzt. Sich verlassen zu fühlen, ist wie tot sein. Mehr Nähe zulassen, um mir eine Geborgenheit zu schaffen, die Körper und Seele stärkt. Was mit meinen Regentropfenaugen geschehen wird, nehme ich an –

3. Januar 2015
Von sich aus sich schreiben
Was ein Augentagebuch für mich ausmacht. Ohne intellektuellen Überbau und Selbstinszenierung von sich aus mich schreiben. Meine Sehnotizen wollen und brauchen niemanden zu beeindrucken. Vor allem nicht mich selbst.

7. Januar 2015
Heilsam im Wort
Während ich über meine anhaltende Schreibskepsis nachsinne (ich kann nur erzählen wie auf einem Einkaufszettel oder Rezeptblock, und das nicht mal mit Worteinfällen, die in der Regel aus der Reihe fallen), wird mir wieder bewusst, dass das Aufzeichnen meiner Sehnotizen mehr dem Bewältigen zuzuordnen wäre als einem Dokumentieren von Erlebtem. Dabei unterstütze ich nicht jene Haltung von Schreibtherapeuten, die sich dem Standpunkt verpflichtet sehen, Krankheit würde Kreativität befördern.

Krankheit ist keine bewusstseinserweiternde Droge, mit der sich das Heilsversprechen inhalieren ließe, im Medikamentenrausch, unter Schmerzen oder im Angesicht des Todes würde der Patient von der Muse geküsst werden und zum ewigen Künstler verdammt sein.

Krankheit bringt das Schweigen. Ein heilsamer Prozess und der Schreibgrund meiner Sehnotizen, der meine Seele wieder sehend macht. Kreativität inszeniert und bedient sich nicht am

Leiden. Sie spricht sich im Spiel der Möglichkeiten anders frei. Schreiben heilt nicht, aber wirkt heilsam.

11. Januar 2015
Offene Fragen
Seit wenigen Wochen bemerke ich wieder Sehveränderungen, die mich aber nicht wirklich beunruhigen, weil ich mit ihnen lebe. Verzerrungen. Netzhautblitze. Schwarzpunktschwärme. Das typische Sehen meiner Regentropfenaugen, mit denen ich mich längst ausgesöhnt habe. Auffällig geworden ist nur das Sehen meines jüngst operierten Auges, das an Farbintensität verloren hat. Die umgebende Dingwelt erscheint in Sepiafarben. Ein untrügliches Anzeichen für einen reifer werdenden Katarakt, den mir der Spezialist vorausgesagt hatte. Eine Star-OP empfinde ich gegenwärtig nicht als notwendig, dafür ist meine Durchsicht in Licht und Farbe noch zu unverfälscht. Auch möchte ich meinen Regentropfenaugen vorerst keine Operation mehr zumuten. Es ist genug, im Sinne einer zufriedenen Genügsamkeit.

12. Januar 2015
In die Antwort hineinleben: hineinsehen.

19. Januar 2015
Im Haifischbecken über den Wolken
Habe einen Beratungstermin mit einem Augenoptiker vereinbart, um erstmalig Kontaktlinsen »auszuprobieren«, die ich beim Schwimmen im Hallenbad tragen könnte. Wie ein blinder Maulwurf ziehe ich hier meine Bahnen – und strande immer mal wieder aus Versehen zwischen plantschenden Füßen und quiet-

schenden Schwimmflügeln. Das Geschrei ist groß, als wäre gerade eine Haifischflosse gesichtet worden, weniger unter den lachenden Seepferdchenkindern, als vielmehr aus den Mündern jener Damen, die mit Goldkettchen um den Hals ihr buntes Blätterkränzchen am Beckenrand halten. Meine Entschuldigung wird missbilligend entgegengenommen. Mit Kontaktlinsen ließen sich Zusammenstöße vermeiden.

Den Mut zum Sehen in sich freilegen und wachsen lassen, ohne zurückzuschauen. Ich fühle wieder mehr Sehlebenzuversicht.

21. Januar 2015
Träume zum Aufwärmen
Der Gesterntag, aufgedreht. Seine Verrücktheiten begannen sich schon am frühen Morgen mit mir und meinen Regentropfenaugen zu drehen. Die Reisetaschenlebenanzeige für eine Sieben-Tage-Auszeit hatte meine Sehnsucht geweckt, in wenigen Tagen in einen Flieger zu steigen, mit Kurs auf den Atlantik. Am späten Vormittag saß ich im Reisebüro, um das Auszeitleben für die Seele last minute zu buchen. Die anfallenden Kosten hätte mein Budget gerade noch verkraftet. Die Freude wie der Übermut über einen ungeahnten Schauplatzwechsel ließ jeden Zweifel verstummen. Beinahe, wenn mich die Reisebürofachfrau vor Unterzeichnung der Reiseunterlagen nicht gefragt hätte, ob gesundheitliche Bedenken vorliegen. Nein, eigentlich nicht. Ich zögerte, legte den Stift aus der Hand, rückte meinen Stuhl vom Kundenberatungstisch ab, an dem wir uns gegenübersaßen. Seit der Eingabe des Cortisonimplantats vor mehr als zehn Wochen hatte ich keine Kontrolluntersuchung meiner Regentropfenaugen in Anspruch genommen. »Ich will sie nicht beunruhigen«, sagte die freundliche Reisebürofachfrau. Aber ein Fünf-Stunden-

Flug. Die Druck- und Temperaturschwankungen, die gerade jetzt sehr unbeständig seien. Und der Reisestress an sich. »Das ist schon recht«, entgegnete ich nur, bedankte mich für ihre Beratung und ließ die Tür des Reisebüros leise hinter mir zufallen.

Auf dem Fußweg zum Augenoptiker ließ ich die Hochglanzbroschüre des Reisetaschenlebenverführers in einen drahtigen Papierkorb fallen. Geblieben ist mir die Plastiktüte einer Airline mit dem Schriftzug »Urlaub ist ein Versprechen«. Ich glaubte zu lesen: »Urlaub ist ein Versprecher.« Im Grunde war es meine Sehnsucht und mein Übermut, die mir zu viel versprochen hatten. Und doch — es war schön, seelenschmeichlerschön, von einer Auszeit zum Aufwärmen in der Wintersonne zu träumen.

Mit E. saß ich später beim Augenoptiker, der mir Tageskontaktlinsen für die Fernsicht empfahl. Diese könnte ich beim Schwimmen tragen, solange ich nicht untertauchen oder vom Drei-Meter-Brett springen wollte. Übermütig zu werden, bringt mich nur ins Verderben, dachte ich bei mir und lachte leise in mich hinein. Irgendwann wird mich wieder eine Sehverrücktheit am Schlafittchen packen und schütteln, rütteln…

23. Januar 2015
Veränderungen, wohin das Auge blickt.
Und es bleibt, was Wurzeln trägt.
Zuneigung, Wertschätzung.
Freundschaften und Liebe.

28. Januar 2015
Leselebenumbruch
Wartezimmergespräche in der Praxis meiner Internistin dauern in der Regel zwei Stunden an, bevor ein Patient aufgerufen wird. Ungeachtet dessen, aus welchen Gründen und Befindlichkeiten jemand ihre Sprechstunde aufsucht – meine Internistin nimmt sich für jeden Patienten, behandlungsbedürftig oder ratsuchend, Zeit. Lebenszeit. Gesprächszeit. Aufmerksamkeitszeit. Für einen Klinikbetrieb wäre dieser Aufwand denkbar unmöglich. Und für die Logistik der Praxismanagerinnen mag dies nicht selten zu einem Problem werden. Auch für ungeduldige Patienten, die unter den Wartezimmerstühlen mit den Füßen scharren. Für viele bleibt meine Internistin »eine Seele von Mensch«, wie unlängst jemand beteuerte.

Vor zwei Tagen saß ich wieder in der Wartezimmerhaltung ihrer Praxis. Nur eineinhalb Stunden lang. Neben mir hatte eine Frau meiner Altersgruppe Platz genommen, die auf ihrem E-Book-Reader in einer Zeitschrift blätterte, während ich mit einer Leselupe Stefan Zweigs »Schachnovelle« las. Das broschierte Buch lag auf meinen Knien. Leicht vorgebeugt zog ich die Leselupe von Zeile zu Zeile. »Warum machen sie es sich so schwer?«, fragte sie mich. Meine Sitznachbarin lächelte mich freundlich von der Seite an. Entspannt saß sie zurückgelehnt auf ihrem Stuhl, den E-Book-Reader in einer Hand.

Ich erinnerte mich wieder an eine Regentropfenaugenpatientin, mit der ich vor drei Monaten im Wartesaal der Augenklinik ins Gespräch gekommen war. Infolge einer Sarkoidose waren ihre Augen an einer chronischen Uveitis erkrankt. Ihre aufgeschlossene, heitere und zuversichtliche Lebensart war mir sympathisch. Wir lachten zusammen, sprachen zugleich mit Ernsthaftigkeit und Besonnenheit über unsere Erkrankungen. Was mir an ihr gefiel und auffiel, weil diese Sicht auf sich selbst so selten unter Patienten zu finden ist, dass sie sich nicht hinter der Opferhaltung einer Betroffenen versteckte. Sie brauchte ihre Erkrankungen nicht, um für sich selbst besonders zu sein, auf Andere besonders zu wirken. Ein besonders mitgefühlserregender Mensch. Eine besonders aufmerksamkeitsbedürftige Frau. Sie war schön, weil sie sich wertvoll und geliebt fühlte. Und sie suchte sich immer wieder neue Aufgaben, um das Leben mit Inhalten zu füllen, die ihr Freude bereiteten. Diese selbstbewusste, selbstbestimmte Haltung imponierte mir. Und gern hätte ich mich mit ihr und ihrem Mann weiter unterhalten, wären wir nicht von der Augenklinikcomputersprechstundenstimme zur Untersuchung aufgerufen worden. Zuvor hatte sie mir eine Anschrift auf einen Einkaufszettel notiert, Adresse und Öffnungszeiten einer Behörde, bei der ich den Antrag für einen Kündigungsschutz als chronisch Erkrankte stellen könnte. Aus ihrer Handtasche zog sie noch ihren E-Book-Reader, legte ihn mir in die Hände. Was für ein entspanntes Lesegefühl für meine Regentropfenaugen!

Die Zeit für einen Leseumbruch ist jetzt reif für mich.
Heute fliegt erstmals ein E-Book-Reader in mein Leseleben ein.

29. Januar 2015
Sich frei lesen können
Mein E-Book-Reader ist da!

Paperwhiteschön liegt er in meinen Händen, lässt die Buchstabenreihen in Sehwohlfühlgröße, Sehwohlfühlschriftart, Sehwohlfühlzeilenabstand vor meinen Regentropfenaugen tanzen wie auf einem hell erleuchteten Papiertütenlicht. Dass ich wieder unbeschwerter, ohne Lupe lesen kann, überall, an jedem Ort, in meinem Leselebenssessel wie im warmweichen Daunenbett, auf Reisetaschenleben zu Lande, zu Wasser, zu Luft, wie im Wartesaal der Augenklinik, macht mich so leselebenglücklich.

Mein E-Book-Reader passt in jede Handtasche, in jedes Reisegepäck. Und vor allem zu mir.

9. Februar 2015
An manchen Tagen überlebt es sich leichter, wenn ich meine Regentropfenaugen übersehe. Von Anfang bis Ende

10. Februar 2015
Lesen als Medizin
Wenn es eine Art »Lexikon des guten Lebens« für Regentropfenaugenmenschen gäbe, würde ich einen bewegenden Eintrag zu meinem wiedergewonnenen Leseleben schreiben. Nicht um zu trösten, vielmehr um andere zu ermuntern, neuen Mut zu mehr Leseglück zu fassen. Es ist diese erweiterte Lesart beim Lesen, die einen Text für mich zu einer grenzenlosen Weltraumkarte der Unendlichkeit macht, durch die ich mich hindurchbewegen kann wie eine sehende Kosmonautin.

Was mich dieser Tage leselebenglücklich macht, aber auch zutiefst erstaunt, seltsam berührt, dass sich mein Leseleben auf meinen E-Book-Reader verschoben wie eingeschworen hat. Ich mag kaum mehr ein kleingedrucktes Papierbuch zur Hand nehmen, nicht nur weil es meine Regentropfenaugen auch mit Hilfe von Leselupen zu sehr anstrengt. Lesen in meinem E-Book-

Reader hebt die Ränder von Zeit und Raum auf, schärft die Sinne für eine unbegreifliche, nicht greifbare Wahrnehmung von Unendlichkeit. Dabei verliert das Buch als Ding seine Gegenständlichkeit. Beim kabellosen Heraufladen (das ist mir lieber als Herunterladen) verwirklicht sich Literatur überall in allem. Es ist beinahe so, als würde diese jetzt leise in mich hineingleiten, alle Zeiten und Räume, durch die ich schreite, verwandeln, wie es Rilke in einem seiner Gedichte schreibt.

Wie kommt es, fragt die Autorin Andrea Gerk in ihrem gerade erschienenen Band »Lesen als Medizin: Die wundersame Wirkung der Literatur«, dass wir – wie Nabokov es formulierte – zwar »mit dem Kopf lesen«, dabei ein »Entzücken zwischen den Schulterblättern« empfinden? Andrea Gerk hat Antworten gesucht, im Krankenhaus, im Kloster und im Gefängnis. Sie hat sich von Bibliotherapeuten Romane verschreiben und beim Lesen von Gedichten ihr Gehirn von Neurowissenschaftlern analysieren lassen. Sie hat Schriftsteller befragt und unzählige Bücher gewälzt. All das, um der geheimnisvollen Wirkung des Lesens auf die Spur zu kommen, die sich für mich beim Lesen im E-Book-Reader intensiviert hat.

»Die erste Lektion, die einem das Lesen erteilt, handelt von der Kunst des Einsamseins«, habe ich einmal in den Essays »Anleitung zum Alleinsein« von Jonathan Franzen aufgelesen. Diese Lektion hat sich für mich verändert, seitdem ich in meinem Kindle lese. Die Kunst des Einsamseins hat sich in seiner Begrenzung und Isolation aufgehoben. Lesen ist für mich wieder eine Lebensart, die erfüllt, befreit, versöhnt, auch mit meinen Regentropfenaugen.

6. März 2015
Kunst für Sehende erzählt immer auch von der Kunst für Nicht-Sehende.

15. März 2015
Für ein gutes Leben
Kreativität schafft Freiraum schafft Entfaltung schafft Lebensfreude schafft Resilienz.

29. April 2015
Da bin ich wieder. Und bereitwillig schlägt Du mir die Seiten auf, liebes Augentagebuch, als hättest Du geahnt, dass ich zu Dir zurückkehren würde. Du hast mir meinen ORT im WORT hier freigehalten, hast vorhergesehen, dass die Zeit kommen würde, in der mein Bedürfnis wiedererwacht, Dich anzusprechen. Du bist ein stiller, aber aufmerksamer Gedankenbegleiter, der immer neben mir geht, wie ein Freund, nur eine Handbreite entfernt, um dir mein Wort anvertrauen zu können.

Das Leben ist sehschön wie ein lichter Frühlingstag. Und es könnte noch sehsonnenschöner sein, wenn, ach, liebes Augentagbuch, wenn in meinen Regentropfenaugen nicht wieder Gewitterstürme aufkommen würden. Dunkle Wolken ziehen auf wie schwarze Blutflecken, die aus den undichten Netzhautgefäßen fluten. Und die Makulaödeme haben Aufwind. Alles auf Anfang –

Ich hätte es wissen müssen, habe das Unbehagen verdrängt. Wie die Seele sich ihre Überlebenswege freilegt. Jahraus. Jahrein. Darauf hoffe ich auch jetzt wieder.

1. Mai 2015
Vom Sinn und UnSinn
Vieles spricht dafür.
Vieles spricht dagegen.
Cortison-Implantate sind nur kurzweilige Trostpflaster.

Mit den Jahren sind Makulaödeme zu meinen vertrauten Untermietern geworden – sie sind nicht meine Freunde, ich betrachte sie auch nicht als Feinde. Ich behalte sie sanftmütig im Blick, ohne lautstarkes Grollen. Anders die Gliosen in meinen Augen, die sich auf der Makula und ihren umgebenden Netzhautarealen ausgebreitet hatten wie Zellophanfolien. Sie drohten, mein Sehen zu ersticken, und wurden entfernt – operative Schadensbegrenzungen, die ihre Spuren hinterlassen haben. Auch damit lebe : sehe ich, ohne zu hadern.

Was in meiner Seele schwerer wiegt, ist der Umstand, dass jede Therapiemaßnahme der vergangenen Jahre eine Hoffnung gesät hatte, die nach kurzer Zeit wieder zum Schweigen gebracht wurde. Nach Jahren ist eine Hoffnung für mich nicht mehr offen für visionäre Zuversichten. Darin spricht sich nichts Dunkeldeprimiertes aus, ich hätte mein lichtes Sehen aufgegeben. Meine Zuversicht ist eine andere geworden. Ich erwarte nicht, besser sehen zu können, wünsche mir vielmehr, noch besser mit dem Schlechtsehen zu leben.

Ich will keine Operation, kein Implantat mehr.

Ärzte haben an sich selbst den Anspruch, ihren Patienten Hoffnungen in die Hände zu legen, Zuversichten zu eröffnen und umzusetzen. Vielleicht ist es als Mediziner für den Menschen auch gar nicht anders zu ertragen, als handeln zu müssen, um sich dem UnSinn einer Erkrankung entgegenzustellen. Als Patientin stemme ich mich nicht mehr dagegen und lasse dem UnSinn seinen Raum. Das gibt mir den FreiRaum, mein Sehleben mit dem UnSinn einer Augenerkrankung sinnvoll gestalten zu können.

3. Mai 2015

Das anonyme Herumschleichen um meine Regentropfenaugen ist mir unerträglich geworden. Ich traue mir mehr Souveränität zu und will mich nicht länger wegducken. Meine Augen spazieren jetzt unbehütet, ohne Mütze auf dem Kopf durch den Regen. Und sie fühlen sich offensichtlich gemütswohler, seelenfreier dabei.

5. Mai 2015

Selbstbild. Selbstverständnis

Der Modefotograf Ian Pettigrew, an Mukoviszidose erkrankt, fotografierte für sein Projekt »Just Breathe« Patienten, die, wie er selbst, mit der Stoffwechselerkrankung leben. Für sein Nachfolgeprojekt fotografierte er Mukoviszidose-Patientinnen zwischen 20 und 40 Jahren, im Bikini, im BH oder mit hochgekrempeltem Oberteil, so dass ihre Narben, ihre Sauerstoffapparate und Sauerstoffschläuche zu sehen sind, die die jungen Frauen zum Atmen brauchen. »Salty Girls« hat er die Fotostrecke genannt, salzige Mädchen, weil der Schweiß von Mukoviszidose-Patienten einen erhöhten Salzgehalt aufweist.

Eindrucksvoll sind nicht nur die Fotos von Ian Pettigrew, die Persönlichkeiten aus der Nähe zeigen, die ihr Leben mit jedem Atemzug bewusst erleben. Was der erkrankte Fotograf in einem

Interview sagt, wirft für mich ein nachhaltiges Licht auf das Selbstbild, das Selbstverständnis von Menschen mit chronischen Erkrankungen, mit Autoimmunerkrankungen:

»Unsere Körper sind Landkarten von allem, was wir durchgemacht haben, und das sollte Teil dessen sein, was sie so erstaunlich macht. Unsere Narben zeigen unsere Geschichten, unsere Kämpfe, unsere Erfolge. Sie sollten etwas sein, das wir anerkennen, nicht kritisieren.«

7. Mai 2015
Lebens(er)Haltung
Die Haltung, aufrecht zu leben, stärkt die Resilienz.

9. Mai 2015
Ob Besser oder Schlechter oder Anders
Im Wartezimmer meiner Internistin hörte ich zwangsläufig dem lebhaften Monolog einer Patientin zu, sie würde jedem Arzt sagen, dass es ihr schlechter ginge, sonst würde sich keiner um sie kümmern. Ähnliches hörte ich vor Jahren im Wartezimmer der Augenklinik. Eine Patientin meinte zu mir, sie würde beim Sehtesten immer schlechter sehen wollen, damit die Ärzte sich um sie sorgen. Ich war, ich bin sprachlos –

Derweil blühen die Makulaödeme in meinen Regentropfenaugen prallmunter wie der Frühsommer auf meinem Blumengartenbalkon. Was bedeutet diese Veränderung in Sehschärfe und Sehkraft für mich, wenn ich mit dreißig Prozent und weniger in beiden Augen, manchmal schlechter, manchmal auch besser sehe als Andere mit vergleichsweise eben diesen dreißig Prozent. Oft sagen Visusprozente nur wenig aus über mein Sehen.

Die Antwort schreibt sich mir selber zu. Gefühlte Sehverschlechterungen wie gefühlte Sehverbesserungen sind Sehveränderungen, die andere Sehweisen in meinem Denken und Fühlen freilegen. Das wäre das Erstaunliche, das sich dem eigenen Blick eröffnen könnte, wenn sich das Sehen selber als eine solche Veränderung begreifen würde, als ein Schauplatzwechsel betrachten ließe, und eben NCHT schlechter oder besser. Trotzdem wird sich mir die Frage immer wieder stellen. Weil das Gefühlte sich nicht wie ein Denkzettel von der Seele schreiben lässt, für immer und ewig. Ich will wieder mehr versuchen, von Schlechter-oder-Besser-Aussichten abzusehen und mich auf die Sichtweise der Veränderungen einzustimmen. Auch dafür schreibe ich in meinem Augentagebuch.

10. Mai 2015
»Milde« im Wort freilegen
Noch vor einem Jahr schrieb ich in Beobachtungen meines AndersSehens von Stechmücken, wildernden Riesenmotten und Raubtieren in meinem Augentagebuch. Auch von Seepferdchen und Kratzjochen war die Rede. Von Straßenkötern und Rabenkrähen. Eine Erkrankung in ihrem Wesen zu personalisieren, ihr einen Phantasienamen oder eine tierische Identität zu geben, machte das Verstörende für mich ansprechbar, entschleunigte den herzrasenden Schrecken ihrer Unberechenbarkeit.

Gestern sprach ich vielleicht erstmalig und mir aufmerksam bewusstwerdend, dass Makulaödeme in meinen Regentropfenaugen prallmunter blühen wie der Frühsommer auf meinem Blumengartenbalkon. Es hat sich etwas befriedet in mir.

14. Mai 2015
Zurück ins Leben

Meine Regentropfenaugen sind dieser Tage heftig aufgekratzt wie angeschlagen von den schwülwarmen Temperaturen. Der Sehstress wirkt zugleich bedrückend auf die Hashimoto ein, die in meinem zu eng empfundenen Hals in Wellen sticht und beißt und zerrt und krampft an den Nervensträngen meiner Zähne, in die Augenhöhlen hinein, bis in den Kopf, die Innenohren, und in einem steifen Nacken sich bündeln.

Manchmal sind die Schmerzen unerträglich – und doch weiß ich, dass ich sie aushalten kann, weil sie vorübergehen. Diese Gewissheit lässt mich zuversichtlich bleiben, auch wenn mich die Schübe manchmal mürbe zu machen scheinen. Morgen schon kann der Spuk wieder vorüber sein. Langsam. Endlich. Zurückbleiben meine Regentropfenaugen. Aber auch die Erleichterung, wieder am Leben teilzuhaben.

21. Mai 2015
Beizeiten ist nicht vergeblich

Wieder und wieder versuchte ich in den vergangenen Tagen einen Sprechstundentermin für die Spezialambulanz in der hiesigen Augenklinik zu vereinbaren. Kein menschliches Wesen nimmt meinen Anruf entgegen. Oder die telefonische Patientenanmeldung ist personell nicht besetzt. Seltsam. Noch vor wenigen Jahren war es in akuten Fällen möglich, ohne vorherige Terminabsprache die Spezialambulanz aufzusuchen. Gegenwärtig würde ich von ehrenamtlichen Hausdrachen in steifgebügelten Blusenschürzen in die Notfallambulanz verwiesen werden, ohne Kompromiss, mit bösen Blicken und harschen Worten. Ich wünschte mir nur eine OCT-Aufnahme meiner Netzhäute. Und ein Beratungsgespräch von wenigstens fünf Minuten, so viel Zeit dürfte ein Mal im Jahr nötig sein.

Der ambulante Klinikalltag ist für alle Beteiligten brachialisch. Ärzte wie Patienten spüren das. Ich habe mich darauf eingestellt und meine Erwartungen angepasst. Menschliche Zuwendung und persönliche Gespräche erfahre ich andernorts. Nur diesen einen Untersuchungstermin, den bräuchte ich, nicht dringend, aber beizeiten –

22. Mai 2015
Ein gutes Zeichen
Es ließ mir keine Ruhe. Heute Morgen, gleich nach dem ersten Frühstück, ein Anruf in der telefonischen Patientenanmeldung der Augenklinik. Ein überaus freundliches Wesen nahm meinen Anruf entgegen. Ein regulärer Termin in der Spezialambulanz wäre erst wieder im September frei. Ohne zu zögern, ließ ich meinen Namen auf die Liste setzen. Die junge Dame am Telefon sagte unvermittelt, dass ich auch nächste Woche schon in die Spezialsprechstunde kommen könnte, über die Notfallambulanz, sonst wäre der Spezialist erst wieder Mitte Juni im Haus. Du lieber Himmel! Ein akuter Notfall bin ich nicht. Dafür lasse ich in der Regel denjenigen Patienten Raum, die im AugenBlick auch wirklich in Not sind.

25. Mai 2015
Hoffnung hält offen
Pfingstumwehte Gespräche. Auch über meine vermaledeiten Regentropfenaugen. Dass ich es doch hätte wissen müssen, sagte ich zu E., weniger verwundert, als vielmehr verärgert über mich selbst, dass nach der letzten Netzhaut-OP, von der sich mein Immunsystem nur langsam wieder regeneriert hatte, und der anschließenden Eingabe eines Cortison-Implantats, seine Wirkzeit ist längst abgelaufen, der ganze Schlamassel in meinen Regentropfenaugen wieder zum Vorschein kommt. Ich hätte es wissen müssen. Und habe jede Vorahnung verdrängt. Erspart habe ich mir damit eine Zeit der Furcht und Erwartung, »wann es wieder losgehen würde« und die Sicht sich verändert. Mit der Verdrängung gewonnen habe ich eine Zeit unbeschwerter Freude und übermütiger Zuversicht, die ich nicht missen will. Und die das Gemütspolster der Resilienz gestärkt hat.

E. ermunterte mich, offen zu bleiben für letztmögliche Therapiemaßnahmen, die den Sehkraftverlust verlangsamen würden, auch wenn diese nur Schadensbegrenzungen seien. Die Hoffnung stirbt zuletzt. Ein abgegraster Satz, der immer wieder nachwächst.

Auch wenn dunkle Gedanken in mir manches Mal in meine Wortwelten hineinpoltern, Zuversicht kann ich gar nicht aufgeben. Selbst dann nicht, wenn mir das Wasser bis zum Hals stände. Und wenn ich unterginge, die Hoffnung würde tragen. Sie ist für mich wie ein Instinkt, der nie seine Farbe ändert, der immer da ist. Nur seine Lebenslautstärke wird manchmal leiser. Und wieder lauter in mir.

30. Mai 2015
Menschlich zu sein und menschlich zu bleiben. Humor sagt viel über das Menschliche im Menschen aus.

Menschen werden mir vertraut, vertrauensvoll, vertrauenswürdig, die Humor und Facetten von Humor in sich tragen. Den Humor der Übertreibung, den geselligen Humor, den trockenen Humor, den Humor über sich selbst, Humor, der liebenswürdig und respektvoll zum Umdenken, Andersdenken anregt, Humor, der entspannt und deeskaliert, auch schwarzen Humor und deftigen Galgenhumor. Ich vertraue Menschen mit Humor, weil ich mich vor ihnen mit all meinen Leiden, Schwächen und Unzulänglichkeiten nicht verstecken muss. Das ist für mich die Voraussetzung überhaupt, um emotionale und geistige Nähe (auch körperliche) zuzulassen, aufzubauen.

Humor hingegen, der nur aus Häme und Missgunst die Mundwinkel verzerrt, will von sich ablenken, will sich erheben und Macht über einen anderen. Davon distanziere ich mich seit jeher, lautlos, aber energisch.

Gestern habe ich ein gutes und humorvolles Gespräch führen dürfen, führen können, in dem ich mich wohl gefühlt habe, beinahe schon unverkrampft, lebendig erzählend, heiter bis nachdenklich. Das für mich an Vertrauen wiedergewonnene Gespräch hätte ich gern fortgeführt.

Außerdem ein intensives Langgespräch mit einer Krebspatientin, die gegen einen Herpes-Virus in ihren Augen ankämpft. Unseren Gedankenaustausch möchte ich beizeiten in meinem Augentagebuch nachzeichnen. Weil er Vieles anspricht über das Menschliche im Menschen und die ungebrochene Lebensfreude einer Schwerkranken, die noch so viel Mut in sich hat.

31. Mai 2015
Dem Leben zuwinken
»Sie lesen auch mit großen Buchstaben«, sagte sie leise zu mir und klappte ihren E-Book-Reader zu. Eine zierliche Frau, mit schmalem, bräunlich fleckigem Gesicht hatte sich im Wartesaal der Augenklinik neben mich gesetzt. Seltsam gelblich gefärbt war das Weiß ihrer tiefliegenden Augen, die wie verwaschen einen blaugrünen Grund ahnen ließen. Ihr graumelierter Kurzhaarschnitt wirkte unauffällig und doch irgendwie unnatürlich in der glattglänzenden Struktur der Haarsträhnen, die ihrem hinfälligen Gesicht einen Rahmen gaben, der allzu brüchig schien. Ihre blassen Augen erinnerten mich an etwas, in das ich schon einmal hineingeblickt hatte, das aber lange zurücklag.

»Ein E-Book-Reader ist etwas Wunderbares«, sagte ich mit einem Lächeln zu ihr. »Wir können wieder lesen, auch Kleingedrucktes.« Sie schaute mich irgendwie beglückt über meine Zustimmung an, mit diesem wässerigen Blassblick aus tiefliegenden Augenhöhlen, die Krebspatienten oft eigen sind. Und in diesem AugenBlick spürte ich wieder, woher ich diesen Blick aus der Tiefe kannte. »Warten Sie auch schon lange?«, fragte sie mich jetzt. Ich entgegnete ruhig, dass es erst zwei Stunden seien, die ich im Wartesaal der Augenklinik säße. Und das sei noch nicht allzu lang. »Vielleicht kommen wir bis zum Mittag mit dem Weittropfen dran«, sagte ich noch mit einem Lächeln zu ihr.

Nach einem AugenBlick der Stille hörte ich sie unvermittelt sagen: »Ich habe Krebs. Und in meinen Augen einen Virus. Herpes.« Ich klappte meinen E-Books-Reader zu, behielt ihn ruhig in meinen Händen, um nicht mit allzu hektischen Bewegungen in das Gespräch einzugreifen, das in diesem AugenBlick seine Lebenslautstärke zu verändern schien.

»Der Herpes in meinen Augen ist für mich fast schlimmer als der Krebs«, sagte sie leise und erzählte, dass ihre Arme zerstochen wären von den Infusionen, die den Virus in ihren Augen bekämpfen sollten. Den letzten Infusionszugang hätte ihr ein Arzt in den Unterschenkel legen müssen. Sie zog das rechte Hosenbein hoch, zeigte mir den Bluterguss auf ihrem Schienenbein. »Das ist schmerzhaft«, sagte ich. »Unsere Haut ist hier so dünn.« Sie nickte mir zu. Ihr wässeriger Blassblick hellte sich seltsam auf, beinahe unwirklich. »Die Ärzte sagen, ich müsste mein Leben lang Medikamente gegen den Herpes nehmen.« Ein Leben lang, dachte ich bei mir. Beim Wort genommen ein Lichtblick, dass sich ihr Bewusstsein von Zeit mit dem Krebs und dem Herpes in ihr noch nicht verkürzt hatte. Ich schaute sie ruhig an und wollte gerade etwas sagen, da begann sie mir von den Chemotherapien zu erzählen, drei am Stück, die sie hinter sich gebracht hätte. »Bei der ersten Chemo fielen mir die Haare noch nicht aus. Aber bei der Zweiten. Jetzt bin ich ein Glatzkopf.« Eindringlich sah sie mich an. Ihr graumelierter Kurzhaarschnitt war eine Perücke, die sie sich aus einem Katalog ausgesucht hatte. »Ihre Haare werden nachwachsen«, sagte ich ruhig, »Und bis dahin tragen sie ihren Kopfschmuck.« Ich wich ihrem Blassblick nicht aus. »Wissen Sie«, sagte sie jetzt, »die Leute im Dorf, aus dem wir kommen«, inzwischen hatte ihr Mann neben ihr Platz genommen, »die fragen mich immer, hach, wie geht es ihnen denn!« Dabei verzog sie ihr Gesicht zu einer leidvoll verzerrten Grimasse. »Ich mag das gar nicht«, sagte sie noch und wurde ganz still.

Kurz überlegte ich, wie kraftvoll meine Antwort ausfallen dürfte, die ich ihr zumuten, zutrauen konnte. Dabei dachte ich an unsere Mutter, die so wenig lebensmutig geworden war und sich in ein Totschweigen zurückgezogen hatte. Hingegen unser Vater, der den Krebs nicht unter den Tisch gelacht hatte, aber ihm mit einem gewitzten Lächeln und Vertrauen in das Leben begegnet war, zumindest nach außen, und für sich doch wusste, dass er ihm über kurz oder lang die Hand reichen würde. »Sagen Sie den Leuten in ihrem Dorf, dass Sie Krebs haben. Und dass Sie leben. Dass Sie gern leben, mit Zuversicht!« Sie lächelte mich an, strahlte aus ihren verwässerten Blassaugen und sagte mit einer Stimme, die jetzt irgendwie heller klang. »Eine Krankheit, die kann doch auch etwas Gutes haben.« »Wir können gern darauf verzichten«, lachte ich sie an. »Aber unsere Freude am Leben, die kann uns keiner nehmen!«

Sie erzählte mir noch Vieles, von ihren Freundinnen, mit denen sie sich Bücher ausgetauscht hatte, als sie noch besser sehen konnte. Und über das Osterfrühstück mit ihrem Mann, ihrem Sohn und der Schwiegertochter, die mit einem Picknickkorb zu ihr am Ostersonntag ins Krankenhaus gekommen waren. Dass sie sogar einen Schluck Champagner mit ihrer Familie getrunken hätte. »Nur ganz wenig.« Dabei kicherte sie übermütig.

Auf den Gängen und in den Wartesälen der Augenklinik begegneten wir uns an diesem Tag noch einige Male. Und immer lächelte sie mich strahlend an aus ihren wässrigen Blassaugen und winkte mir zu, wie ein Lebensgruß, der für sie noch längst kein Abschied war.

2. Juni 2015
Auch Liebe im AugenBlick
Sie waren beide nicht mehr jung an Jahren. Ende Fünfzig. Vielleicht Anfang Sechzig. Er hatte ihr Kaffee gebracht, nahm ruhig neben ihr Platz und reichte seiner Frau den Becher mit dem Heißgetränk. Sie nahm diesen in beide Hände. Und noch bevor sie daraus trank, wandte sie ihr Gesicht ihrem Mann zu und küsste ihn. Zärtlich erwiderte er diesen. Mehr war gar nicht geschehen, so könnte man meinen, als dass an diesem Vormittag im Wartesaal der Augenklinik zwei Menschen still nebeneinandersaßen, sich sanft die Hände hielten und küssten. Und es war dieser eine AugenBlick, der alles umfing, was Liebe lebendig macht. Nicht die Leidenschaft zwischenmenschlicher Dramen, die sich unter wild zerwühlten Laken abspielen kann. Für diese beiden Menschen fühlte sich Liebe ganz anders an. Nicht ohne Berührungen. Aber ohne Ehrgeiz. Ohne Selbstbeweise. Ohne Projektion.

Wenn Zwei still nebeneinandersitzen, sich sanft die Hände halten und küssen. Es kann nichts Innigeres geben, als dieser AugenBlick, wenn der Himmel die Erde berührt.

Die Nacht hat mich um den Schlaf gebracht. Das Raubtier in mir hat sich das Maul geleckt am Cortison in meinem frisch befüllten Regentropfenauge. Seit Wochen schon ist die Hashimoto nicht mehr kontrollierbar. Das fehlende Schilddrüsenhormon lässt sich mit Hormonersatzpräparaten auffüllen, unspektakulär wie bei jeder Unterfunktion. Aber die Entzündungsaktivität meines Schmetterlingsorgans hält ungehindert an. In meinem Hals steckt ein krampfartig verhärteter Klotz, den keine Halskette, kein Blusenkragen berühren darf. Schwimmen fällt für mich dieser Tage aus, um nicht nach Luft zu ringen, wenn das Wasser mir bis zum Halse steht. Umso aufmunternder der neuerliche Befund meiner Regentropfenaugen.

Zwanzig Prozent Sehkraft Rechts.
Sogar vierzig Prozent Sehkraft Links.

Vielleicht ist noch ein Anstieg um fünf Prozent möglich, wenn die Cortisoninjektion einen Anteil der Wassereinlagerungen unter der Makula ausschwemmt. Das Sehempfinden hatte meinen Seheindruck zunächst getäuscht. Der Visusanstieg im linken Auge ließ mein Sehgefühl im rechten Auge schwächer erscheinen als die kostbaren zwanzig Prozent Restsehkraft. Das Gehirn sieht nicht nur mit, es steuert mein Sehen. Erfreulich auch, dass die Gliosen noch nicht wieder in bedenklichen Ausmaßen nachgewachsen sind. Die Netzhaut ist stabil.

Was in drei Sehmonaten sein wird, darüber sinne ich nicht nach.

30. Juni 2015
Lebenskünstler im Licht
Quer über seinen kahlen Kopf verlief eine großflächige Narbe. An manchen Tagen quellte sie auf zu einem feuerroten Mal, das an den verdickten Rändern aufzubrechen drohte. Je länger ich mit ihm sprach, ihm zuhörte in seinen Vorlesungen und Seminaren, umso weniger bemerkte ich die Vernarbungen seines Kopfes. Mein Philosophieprofessor hatte nach seinem Schulabschluss eine Lehre als Elektriker begonnen und einige Jahre auf dem Bau gearbeitet. Bis zu dem einen AugenBlick, der sein Leben von Grund auf veränderte.

Das Baustellenkabel einer Starkstromleitung riss unter Hochspannung entzwei und traf ihn am Schädel. Er erlitt schwerste Kopfverletzungen. Auf der Intensivstation kämpften die Ärzte um sein Leben. Nach mehrstündigen Kopfoperationen setzten sie ihm eine Metallplatte ein, um der empfindlichen Hirnmasse Halt zu geben. Sein Schädel war seither verformt. In den Beruf kehrte er nicht mehr zurück. Er holte an der Abendschule das Abitur nach, studierte Philosophie. Der Elektriker wurde mein Philosophieprofessor, der mich für die Philosophie zu begeistern wusste, der mich an die Lektüre von Hegel und Schelling heranführte. Als Menschenfreund und Menschenlehrer hatte er mir zugetraut, seinem Weg zu folgen, wenn er nicht zu früh, viel zu früh verstorben wäre.

Warum ich wieder an ihn denke? Weil ich die Autobiographie von Hugues de Montalembert ausgelesen habe. Sie ist mehr ein philosophisches Brevier über das Leben und die Liebe zum Leben, geschrieben von einem Lebenskünstler, Maler, Fotografen und Reisejournalisten, der erblindete, nachdem ihn zwei Männer in seiner New Yorker Wohnung überfallen hatten. Während er mit einem Schürhaken auf den großen, kräftigen Angreifer losging, spritzte ihm der kleinere, schmächtigere Mann Lösungsmittel in die Augen. Innerhalb weniger Stunden verlor er sein Augenlicht.

Selbstmitleid und sentimentale Betroffenheit sind Hugues de Montalembert zeit seines Lebens fern. Er reist als Blinder allein nach Bali und Vietnam, wandert durch die Täler im Himalaya und berührt auf seinem steinigen Weg zu sich selbst das Blau des Himmels. Er inszeniert in Warschau ein Ballett und lernt, die Welt ohne Augenlicht zu sehen. »Sauge das Leben auf, solange du kannst, denn am Ende muss sich dein Körper wie bei jedem anderen auch geschlagen geben.«

Mein Philosophieprofessor hätte seine Freude gehabt an dieser lustvollen Art zu leben. Und er hätte gewollt, dass ich nie aufhöre, an die erhellende Kraft der Zuversicht zu glauben.

5. Juli 2015
Das Auge schreibt sich mit
Eigentlich ging es nie um etwas Anderes. Ohne meine Regentropfenaugen würden Texte nicht von mir geschrieben werden, in der Gestalt, wie sie sich meinem Sehen offenlegen.

Ich schreibe keine Sehkunst.
Ich schreibe mich.

11. Juli 2015
Berührt werden. Nicht betroffen sein.
Ich hatte ein Buch bei ihr bestellt, den neuen Roman von Amos Oz. Und während wir über ihn sprachen, fragte sie mich unvermittelt: »Ist das nicht furchtbar, ausgerechnet Sie, die so gern liest, sind von einer Augenerkrankung betroffen!« Für einen AugenBlick wurde es still im Raum. Da war es wieder, dieses unerträgliche Wort, hob an bis zur Decke des Zimmers, drehte sich dabei immer wieder um sich selbst, und suhlte sich höhnisch lachend im Selbstmitleid wie die Made im Speckmantel. »Nein«, sagte ich ruhig zu ihr und versuchte zu lächeln. »Ich fühle mich nicht betroffen.« Das gemeine Ekelwort, dass meine Buchhändlerin unbekümmert ausgesprochen hatte, klang aus meinem Munde seltsam unberührt, als sei dieser armhärchensträubende

Begriff auf einer kalten Vorspeisenplatte serviert worden, die ungenießbar ist.

Betroffen ist eines jener Wörter, die ich aus meinem Wortschatz gestrichen habe. Im formalen Schriftverkehr begegnet mir sein Schatten in Betreff-Zeilen. Mehr Raum gewähre ich ihm nicht. Warum Patientenverbände dieses brachialische Wort immer wieder für sich in Anspruch nehmen, um sich einer Identität zu versichern, die sich von anderen abgrenzt, bleibt mir ein Rätsel. Ich fühle mich nicht betroffen, nicht von meinen Regentropfenaugen, nicht von mir. Ich möchte auch nicht, dass sich Andere von mir betroffen fühlen. Berührt ja, in Freundschaft, in liebevoller Zuneigung, im Vertrauen darauf, dass wir uns nicht schmerzvoll verräterisch treffen, mitten ins Herz.

15. Juli 2015
In einer Geisterbahn
In meinen Regentropfenaugen räkelt sich wieder das Untier in seiner Kloake, spuckt Fettflecken wie Blutgerinnsel in den Glaskörperraum, die mir die Durchsicht versperren. Ein Umstand, der immer wiederkehrt, wenn das Cortison ausgeschlichen ist. Ich müsste mich daran gewöhnt haben – und doch zögere ich zu sagen, dass es mir vertraut sei. Wenn mir verzerrte Fratzen aus meinen Augen in die Augen schauen, wird mir bewusst, dass sie nie fort waren. Dass sie immer bleiben werden, bei mir, in mir. An diese Einsicht kann ich mich nicht gewöhnen. Sie macht mich dünnhäutiger mit den Jahren. Für Menschen in meinem Umfeld bleiben diese Momente rätselhaft, in denen ich mich unerwartet abwende von allem und für mich sein muss. Es sind jene Augenblicke, wenn die Fratzen von den Schattenwänden lachen.

27. Juli 2015
einmal noch

einmal noch
muss es gesagt werden
ohne zu klären
sich zu erklären
dass ein rest sehkraft bleiben wird
ein stück himmel

wer sieht schon mit den augen
wenn er liebt

20. März 2017
Und wieder bin ich gestolpert. Über die ewige Hoffnung auf ein bleibendes Sehen und eine immer wiederkehrende Enttäuschung. Langsam nähere ich mich wieder meinen Regentropfenaugen an. Und meinem Augentagebuch, Du treue Seele.

Das zärtliche Sehen, auf das Leben, auf den Menschen, ist für mich das eigentliche Sehen.

21. März 2017
Ach, diese Verzögerungen
Im AugenStudienZentrum die klinische Studie für ein neues Medikament, vielversprechend an Mäuseäugelchen getestet. Ein winzig kleiner operativer Eingriff, so stelle ich es mir vor. Ähnlich wie die Eingabe des Cortisonimplantats – ein Schuss wie ein Pfeil ins Auge. Und das Nanopartikelchen schwimmt im Glaskörper. Nur eben nicht mit einer Wirksamkeitsdauer von nur wenigen Wochen. Vielleicht von einigen Monaten. Oder einem halben Jahr, wenn mein Wunsch übermütig würde. Es wäre ein Glück. Eine Revolution. Ein Fest. Für Viele. Und meine Chance, vielleicht die letzte.

Dass meine Anrufe wieder ins Leere gehen, ach, so niederschmetternd. Heute eine abgehetzte Frauenstimme am Apparat. Sie kann nichts sagen. »Aber ...« Niemand weiß etwas. »Nächste Woche, vielleicht. Die Kollegin ist im Urlaub.«

Meine kleinen Hoffnungen aus dem Kopf streichen. Und in der Buchhandlung Ablenkung finden. Im Garten Trost. Zunächst. Am Ende des Tages ist meine Empörung, die vor allem auch eine Furcht ist vor der Vergeblichkeit, leiser.

22. März 2017
Vom InmichhineinSehen
In der vorherigen Nacht im Augentagebuch gelesen und über meinen eigenen Notizen geweint. Ich lasse das Vergangene stehen, wie es hier geschrieben ist – und schreibe die Sehnotizen in meiner Lebenslautstärke fort, um Gedanken und Empfindungen im AugenBlick aufzufädeln, besser von der Seele abzutragen.

Alles ist wieder ruhiger in mir, auch wenn meine Furcht vor den Voruntersuchungen groß ist. Den Visus verstecke ich im Alltag, gerade im Frühjahr, wenn Luftdruck und Temperaturen für die undichten Netzhautgefäße meiner Augen stark schwanken.

Die Kunst des Verdrängens. Manchmal kann sie als Übergang lebensrettend sein. Die Wahrheit kommt eh ans Licht. Und am Ende steht nicht die Sehkraft, die Liebe hat das letzte Wort.

23. März 2017
Dem Sehen und NichtSehen begegnen
Wie eine Erscheinung aus meinem Augentagebuch spricht mich in der S-Bahn ein Herr mittleren Alters an, einen weißen Stock in der Hand. »Könnten Sie mich beim Ausstieg führen?« Wenige Minuten später fährt schon die S-Bahn am Bahnsteig ein. Sanft umfasse ich seinen Arm, wir steigen gemeinsam aus. »Vielen Dank, ich werde abgeholt«, sagt er leise zu mir, schaut auf den

Boden, lächelt ins Unbestimmte. Auf der Rolltreppe drehe ich mich noch einmal nach ihm um. Wie er unerwartet neben mir stand, mich von der Seite ansprach im Menschengedränge einer überfüllten S-Bahn, so verschwand er auch wieder aus meinem Blick. Seltsam.

Als geistiger Lebensmensch mit chronischer Augenerkrankung ist man verführt, einer Begegnung wie dieser schicksalhafte Züge zu unterstellen, als könnte man in die Zukunft noch sehend lesen, wenn man nur an Schicksal glaubt. Nein, ich will nicht in eine Glaskugel projizieren, nur um eine Zufälligkeit mit Bedeutsamkeit aufzuladen. Und doch schwingt in diesem Erlebnis ein Ereignis mit, dass ich nicht beschreiben kann. Mir geschehen nicht selten SehBegegnungen, die sich an mein Innerstes wenden, scheinbar flüchtig. Und oft bleibt ein gutes Gefühl zurück, weil viel Versöhnliches ist in diesem Sehen und NichtSehen, die gemeinsam gehen.

Ach, was notiere ich in meinem Augentagebuch. Ich darf viel selbstbewusster vom Sehen schreiben, von meinem Sehen, das alles umfängt, auch das NichtSehen wie das AndersSehen.

Heute denke ich nicht mehr darüber nach. Es war ein guter Tag, das Regenorchester spielte leise, mein Herz sang. Die inwendige Heiterkeit darf noch übermütiger werden; ein leichtsinniges Gemütspolster anlegen für dunkler werdende Tage. Auch sie werden wieder heller werden.

24. März 2017
Die Maus, die spricht
Ein Fernsehbeitrag über Autoimmunerkrankungen, »Mein Körper – mein Feind«. Du lieber Himmel, wer erfindet nur derart plakative Spots, die im öffentlichen Bewusstsein ein Vorurteil wie ein Fehlurteil freisetzen, Menschen mit Autoimmunerkrankungen wären von körperfeindlichen Bewusstseinsschüben befallen. Das ist Unsinn.

Ein schlichtes Geständnis, ohne sentimentale Schnörkel, ich mag meine Äugelchen, auch wenn sie krank sind. Und ich mag auch anderes an mir, dass vorsichtig gesagt, durch sportliche Aktivitäten verbesserungswürdig wäre. Aber Sport, das ewige Schwitzen auf dumpfen Laufbändern, das Verdrehen und Verbiegen an stahlharten Turngeräten, ach nein, einen perfekten Körper, auch so ein Unsinn, den möchte ich gar nicht. Aber einen, der sich wohlfühlt, der sich schön fühlt, mit seinen charakteristischen Zügen. Und dazu gehören auch meine Regentropfenaugen.

»Irrtum im Immunsystem« trifft das Wesen einer Autoimmunerkrankung schon eher – und bedient eine Alliteration, die sich im sprachlichen Gebrauch einfräst in unser Bewusstsein.

Im Gespräch mit der Frau Mäusedoktorschen habe ich sehr gelacht. Ich erzählte ihr von jenem neuen Medikament, ein Immunsuppressivum, auf das ich große Hoffnung setze. Und während des Sprechens in den Telefonhörer dachte ich laut nach, wie es denn sein kann, dass Forscher, Entdecker, Entwickler vermuten, kranke Mäuseäugelchen, könnten infolge einer Behandlung mit eben jenem neuen Präparat auch besser sehen. »Mäuse sprechen nicht!« Am anderen Ende der Leitung blieb es still. »Ach«, sagte ich trocken hinweg, »dann wäre ich eine Maus, die spricht.« Die Telefonkabel bebten vor Lachen.

Wie gut es tut, auch einfältig zu sein, um Furcht und Kummer die Wucht zu nehmen, mit der sie die Seele so arg bedrängen. Humor entspannt mich, seit jeher. Selbst in der Klinik, auf Station wie in der Ambulanz, habe ich Mitpatienten zum Lächeln gebracht, für einen AugenBlick. Nicht als Pausenclown, als lebensfroher Narr. Und darum muss es doch gehen, immer, dass wir einander guttun, Gutes tun.

25. März 2017
Still, nicht schweigsam. Hand in Hand mit Herz und Geist. Augen schließen und Gedanken auffädeln, die ruhigen immer neben die unruhigen. Hoffnungsketten. Retten.

26. März 2017
Furcht. ZuverSicht. Hoffnung.
Dass Alles wiederkehren muss in meinen Regentropfenaugen.
Stark Sein. Lebensfroh Bleiben. Nicht Aufgeben.

Man trägt sein Herz immer bei sich, nimmt seine Liebe mit an jeden Ort, an dem man ist, zu jeder Zeit, in der man sein wird.

27. März 2017
Wege
Eine freundliche Stimme. »Ja!« Ein Lachen. Und Fragen. Antworten. Höflich. Respektvoll. Aufmerksam. Das Medikament ist in der ersten Phase. Ob ich noch Kinder bekommen wollte. Oder

könnte. »Nein«. Stilles Lächeln. Mein besseres Auge sei jetzt schlechter als das schlechtere Auge. In ihnen Regentropfen, die blühen, von innen. Morgen um Elf. »Ich hole Sie beim Pförtner ab!« Wir grüßen uns durchs Telefon. Freundlich. Verbindlich.

Der erste Schritt, dieser eine wieder, der die Wahrheit ans Licht bringt. Und die Hoffnung.

27. März 2017
Im AugenBlick leben
Gute Nacht, Ihr Regentropfenaugen! Ob Ihr noch eine Weile für mich sehen könnt, so wie ich im AugenBlick nach außen sehen kann, weiß nur der Himmel. Aber morgen, morgen gebe ich Euch in andere Hände, die Gutes wissen und Bestes tun, auch wenn sie nicht immer helfen können. Und das ist auch nicht tragisch. Das ist dann so, das SehLeben, meines. Wir sehen ja auch mehr mit dem Herzen und mit dem Kopf als mit den Augen. Nur dass mein Hirn im AugenBlick die Buchstabenwörter nicht mehr zu einem Bild zusammensetzen kann. Aber es gibt für Euch vergrößernde Sehhilfen, bessere als meine kleine Handtaschenleselupenleiste. Und mit ihnen werdet Ihr Euch nicht mehr anstrengen müssen, am Ende. Am Ende, ach, Unsinn! Vielleicht, vielleicht ...

Im Verlust der Sehschärfe hat sich nicht nur meine Bewusstheit für Raum verändert, auch für Zeit. Und dass ein einziger AugenBlick so empfindsam sein kann. AugenBlicke morgen, ich werde sie zu schätzen wissen und genießen, in der Begegnung, im Gespräch. Und das Gefühl, dass meine Regentropfenaugen nicht allein gelassen werden mit diesem Unsinn, der wieder in ihnen tobt. Sich verlassen zu fühlen, das ist viel grausamer als nicht mehr gut sehen zu können.

29. März 2017
Der Faden, der sich aus Hoffnung webt. Wie kann ich Dir schreiben, mein Augentagebuch, solange noch die düsteren Hintergrundbilder meiner Regentropfenaugen im Kopf schweben...

Blutgefäße. Netzhaut. Makula. Und Ödeme, die sich in den Netzhautschichten wie Perlen aufreihen, das Epithel abheben. Der Sehnerv wird eingehüllt wie eingesponnen von ewigen Entzündungsprozessen, die nicht mehr aufzuhalten sind. Ich habe mir nie Illusionen über mein Sehleben gemacht, zu keinem Zeitpunkt. Aber ich habe gehofft und zugleich geahnt, gefühlt, dass dieses Hoffen eine Bewältigung sein wird. Und daran hänge ich, wie an einem roten Faden, den ich weiter weben werde, damit er stark genug bleibt.

Unbestimmt bleibt meine Aufnahme in die Medikamentenstudie. Weitaus notwendiger sei die Substitution meines Immunsystems durch eine systemische Therapie mit Immunsuppressiva; ein aus der Rheumatherapie bekanntes Medikament, das ich mir anfangs täglich, später auch wöchentlich in das Bauchspeckröllchen spritzen müsste. In der Selbsteingabe von Injektionen bin ich kreativ, denke ich noch, atemlos, und denke zurück. Heparinspritzen gegen Vorhofflimmern. Ich hatte den leisen Ehrgeiz, die Injektionsnadeln ohne den kleinsten Bluterguss in meine Bauchdecke zu platzieren. Bikinitauglich wäre mein zerstochenes Bäuchlein gewesen. Niemand hätte auch nur geahnt ... Und jetzt.

Es sei gut verträglich, jenes verheißungsvolle Immunsuppressivum. Kontrolluntersuchungen beim Kardiologen, beim Nephrologen wären wohl vonnöten. Wegen andauernder Infektanfälligkeiten, die zu einer Lungenentzündung führen könnten, müsste ich mich bei jedem Erkältungsanflug in internistische Behandlung begeben. Auszuschließen sind auch nicht Übelkeit und Erbrechen. Das stille Abwägen und Entscheiden.

Seit Jahren weiß ich um die chronische Erkrankung meiner Regentropfenaugen. Sie haben Netzhautoperationen über sich ergehen lassen, Cortisontherapien, Cortisonspritzen und Implantate. Sie haben Alles still ausgehalten. Auch meine Ängste, das Augenlicht zu verlieren, das Alleinsein mit dieser manchmal unerträglichen Last, wenn ihre Sehkraft wieder nachgelassen hat. Ich habe mit meinen Regentropfenaugen gelesen und gelacht, auch geweint und gefeiert und geträumt. Immer wieder, immer noch. Ihr Visus ließe sich unter Paragraph Sowieso als Sehbehindert einordnen. Nur fühle ich mich nicht so. Ich werde mit meinen Regentropfenaugen weiterlesen und lachen, auch weinen und feiern und träumen. Und ich möchte die Zeit, meine Sehzeit, die ich mit ihnen beiden noch erleben werde, genießen – ein Stück Leben mir erhalten, ohne über der Schüssel zu hängen, meine Bauchdecke zu zerstechen, zu röcheln wie eine Tuberkulosekranke. Und ohne in Wartezimmern die Lebenszeit bis zum blinden Ende auszuharren.

Nein. Zu diesem Zeitpunkt, in meiner Gegenwart, hier und jetzt, werde ich eine Immunsuppression nicht mehr antreten. Mit allen Konsequenzen und meiner selbstbestimmten Bewusstheit, dass ich mein besseres Auge, das schlechter ist als das schlechtere Auge, verlieren könnte. Mediziner werden mein Denken und Empfinden kaum nachvollziehen können, meine Entscheidung ablehnen, diese verantwortungslos halten. Vielleicht.

Etwas unwiderruflich zu verlieren – der Verlust an sich ist es, der schmerzt. Und dafür braucht die Seele Zeit.

Furcht vor Blindheit habe ich nicht mehr. Auch mit nur einem Auge, einem schwachen Auge, werde ich lesen und schreiben, lachen, weinen, feiern und träumen. Und ich werde mich wohlfühlen. Wie eine heitere Lebensspaziergängerin.

Küss mich, bitte,
auch ein bisschen länger heute.
Ach, das wäre schön ...

30. März 2017
Mein Sehen braucht eine Stimme.
Schreiben ist mir Hoffnung, Bewältigung, Rettung im Wort. Und immer auch Freude im AugenBlick, meine Sehlebenfreude.

31. März 2017
Über Mut, Sanftmut und Demut
Das LeseLeben ist noch lange nicht am Ende. Diese Gewissheit macht mich wieder froh, seit ich gestern in den Räumen des Sehbehindertenverbandes eine Hilfsmittelausstellung besucht habe. Elektronische Lesegeräte wurden vorgestellt, gerade die mobilen Bildschirmlesegeräte mit einer 1,8 bis 40-fachen, stufenlosen Vergrößerung beeindruckten mich; leicht zusammenklappbar wie ein Laptop, mit einer fünf Stunden Akkulaufzeit, einfacher und intuitiver Bedienbarkeit, in modernem, zeitlosen Design. Ich durfte am Gerät probieren und lesen, hatte mir dafür ein Buch mitgebracht, das ich schon mit Lupe nicht mehr unangestrengt lesen kann, Gedichte von Friederike Mayröcker aus den Jahren 2004 bis 2009; ein Herr stand mir zur Seite, erklärt alles geduldig, freundlich. Ach, liebe Frau Mayröcker, Ihre Gedichte, sie erblühten auf dem Bildschirmlesegerät wie unter ei-

ner Himmelskuppe, so klar und schön sich offenbarend, als könnte ich zwischen Ihren Zeilen lesen! Ich habe in diesem AugenBlick mit meinen Tränen kämpfen müssen, weil ich zutiefst angerührt und bewegt, dankbar und demütig war ...

Überwältigt und übermütig erzählte ich E. am Telefon von meinem neuen Leseerleben. Und dass es noch lange nicht am Ende sei. E. hörte mir aufmerksam zu. »Schreib es auf, schreib Alles auf, was Du im Sehen erlebst!« Die Unmittelbarkeit sei es, die meine Tagebuchnotizen wertvoll machen würden, auch später, wenn mein Sehen sich wieder verändert hat. Mir kam Franz in den Sinn, mein Kafka, wie er in sein Tagebuch am 23. Dezember 1911 notiert: »Ein Vorteil des Tagebuchführens besteht darin, daß man sich mit beruhigender Klarheit der Wandlungen bewusst wird, denen man unaufhörlich unterliegt, (...).«

So bleibst Du meine Gedankenbegleitung, liebes Augentagebuch, mein drittes Auge, oder nein, das Vierte. Das Dritte ist meine Fotokamera. Und immer das Herz in den Augen.

2. April 2017
Ungelöstes. Unabwendbares. Unausgesprochenes. In den letzten Nächten länger gewacht als geschlafen. Nur bei gedämpftem Lichtschein der Nachttischleuchte ein leichtes Dahindämmern. Stimmen legten mir beruhigend ihre Hände auf die Schultern, strichen mir sanft die Haarsträhnen aus dem Gesicht. Und dann dieser scheinbar ewig andauernde Traum, in dem ich einen Sitzplatz suchte in einem menschenleeren Zugabteil, mich von Lehne zu Lehne tastete und keinen fand. Immer dann, wenn ich mich setzen wollte, gab es einen spürbaren Widerstand. Gespenstisch. Geisterhaft. Die Bettdecke zerwühlt, wie ein Tau um

meine Beine gewickelt, als wollte ich mich an ihr festhalten, wachte ich auf.

Heute Morgen stand ich vor vier Uhr am Fenster, setzte mich im Nachthemd an den Schreibtisch, fing wieder an zu schreiben, an meinem Manuskript. Erzählbares. Wie betäubt. Bis Sonnenaufgang korrigierte ich Formatierungen. Und währenddessen Alles leise in mir sang und sich formte und den helllichten Sonntag erwartete, erwachte wieder der Gedanke, auch andere Regentropfenaugenmenschen, netzhäutige Menschen, für ein kreatives Projekt zu begeistern. Irgendwo wird es Netzhäutige geben, die wie ich still in ihrem Kämmerlein hocken und sich fragen, wie unser Sehen, NichtSehen, AndersSehen in Gedanken, Wort und Bild kreativ entfaltet werden kann. Ich werde Euch suchen.

3. April 2017
Nebeldunst wie Löschpapier in der Luft, in meinen Regentropfenaugen. Und ein Berg ausgeliehener Bücher – keines davon kann ich lesen. Die Leselupenleiste ist viel zu schwach. Bin ich heute eine griesgrämige Graugrüblergrantlerin? Nein. Schluss & Aus mit dem unseligen Sichselbstbenörgeln, Sichselbstumnörgeln, Sichselbstvernörgeln, du lieber Himmel …

Der kleine Text für ein gemeinschaftliches Sehprojekt steht. Noch ein bisschen an Ecken und Kanten feilen, dann geht er noch diese Woche in Druck. Endlich. E. hat mich sehr ermuntert, mein kreatives Vorhaben für und vor allem mit netzhäutigen Menschen umzusetzen. Ob sich jemand auf mein Projektgesuch melden wird, steht in den Sternen. Es gehört Mut dazu, einen Schritt vorzutreten aus der Stille, auch der Einsamkeit und Isolation. Aber es versucht und gewagt zu haben, ist das Entscheidende.

Kreativität ist mir kein Selbstbeweis. Auch kein Trost. Diese gehören in eine andere Seelendisziplin. Und Disziplin will Erfolg, fokussiert sich in strenger Autokorrektur auf eine Erfolgsspur. Das ist Kreativität und Lebenskunst für mich gerade nicht, im besten Sinne Entfaltung, die zu mehr Selbsterkenntnis führt und die Seele befriedet, befreit.

Kreativität ist auch der Liebe ähnlich. Und dem Sehen. Und wenn ich so vor mich hinsinne, durch den Nebeldunst in meinen Regentropfenaugen, ganz weit hinten, dann ist Sehen immer auch Liebe. Manchmal flauen ihre Bewegungen nach außen ab, das müssen sie sogar. Aber ganz weit hinten, dort blickt sie mich an. Und jener elende, unscharfe Graunebel in meinen Regentropfenaugen, den ich manchmal, in ungehaltenen Momenten, aus mir herausreißen möchte, der kümmert mich gar nicht mehr.

Weil Liebe in den Augen bleibt. Auch ganz weit hinten.

5. April 2017
Den Mut aus der Stille vorzutreten. Wie kann ich mir den Schritt anderer wünschen, wenn ich diesen nicht selber gehe.

Im milden Mai ein Beratungstermin in der Ambulanz der Augenklinik für vergrößernde Sehhilfen. Eine feine neue Leselupe werde ich mir aussuchen. Schlicht, aber hübsch und modisch im Design, sollten Rahmung und Griffelung schon ausschauen, das wäre wünschenswert. Nur kein altmodisches Modell à la Buxtehuder Seniorenverein. Für ein übersichtlicheres Leseleben, horizonterweiternd. Und sehentspannt.

10. April 2017
Die Stimme meiner Regentropfenaugen. Sie haben hier ihren Ort im Wort, zum Fragen und Antworten. Und doch geht mir der Gedanke nach, ob sich Parallelleben wie das Lesen und Schreiben und Sehen nicht in einem Zimmer zusammenfinden ließen. Getrennt voneinander sind sie mit keinem Wort, in keinem AugenBlick, sie schreiben sich nur anders aus.

Freude macht mir dieser Tage das Fotografieren und Sekunden-Filmchen-Drehen. Was sich im alten Garten wie auf meinem Blumenbalkon bewegt und zittert und bebt, ist ungeheuerlich. Alles möchte ich einfangen mit meinem dritten Auge, als wäre es das letzte Mal. Und nehme doch nur winzige Ausschnitte wahr in diesem Wunderwerk von einem Frühling …

Es ist kein Geheimnis mehr, eher ein Geständnis. Dass ich jetzt so viele Fehler beim Schreiben mache. Das Schlimmste ist für mich, diese zu spät oder gar nicht zu bemerken. Mein Herz ist wieder ruhig. Nur mein Kopf braucht noch Zeit, um das Unvermögen mit einem versöhnlichen Lächeln tragen zu können.

14. April 2017
Eine Welt, die kleiner wird. Wie frohgemut ich bin, im Wort aufgefangen zu werden.

15. April 2017
Ein überlegtes Aufgeben ist manchmal tatsächlich befreiend.

16. April 2017
Aufstehen. Zumirstehen.
Ostersonntagmorgen, in der Früh. Die Kirchenglocken läuteten früher als an anderen Sonntagen. Durch die geöffneten Fenster meines Lesezimmers weht noch der würzige Geruch von Osterfeuern in der Nacht. Ein christlicher Feiertag der Auferstehung ist heute; ich nenne diesen für mich Fest der Hoffnung und des Neubeginns. Mir kommt es vor, als sei dieser Frühling eine Loslösung von so vielem und vielen für mich. Und ein ganz seltsames Bewusstsein von Freiheit ist jetzt spürbar, dass mir im Herzen weh tut, das schmerzt, nur eben nicht in meinen Regentropfenaugen. Es ist ein Aufstehen, als hätte ich kaum mehr etwas zu verlieren – ein Aufrechtstehen und Zumirstehen. Das Wesentliche dafür trage ich immer schon bei mir.

26. April 2017
Erzählen ist für mich Sehen.

29. April 2017
Sehfehler sind Schreibfehler sind Druckfehler. Keine Herzfehler.

15. Mai 2017
Die Freiheit der eigenen Grenzen
Still sein. In mich gekehrt. Abwartend.
In einer Schwebe zwischen Furcht und Zuversicht.

Morgen mein erstes Beratungsgespräch in der Sehbehindertenambulanz. Als würde ich eine Schwelle übertreten in eine andere
Sicht der Wirklichkeit. Zu mir zu stehen, mich wertvoll zu fühlen,
erfordert wieder mehr Mut und Kraft.

16. Mai 2017
Ein sonnenscheinschöner Morgen, der mir das Blaue vom Himmel verspricht. Und es wird ein Tag, mein Tag des Bekennens
und der Kennzeichnung, des Einstufens und der Einordnung.
Sehbehindert sein – das fühlt sich immer noch lebenswerter,
liebenswürdiger an als seelenvermindert. Am Ende dieses Tages
werden meine Augen wieder lächeln, nicht unbekümmert, aber
aus der Seele Tiefe.

17. Mai 2017
Von neuen Blickkontakten
Eine große Leuchtlupe für die Nähe.
Ein Monokular für die Ferne.
Eine Lesebrille mit Lupenaddition.
Eine Kantenfilterbrille für den Sonnenschutz.
Und eine kleine Leuchtlupe für die Handtasche unterwegs.

Zwei Krankenkassenrezepte für die Verordnung von vergrößern-
den Sehhilfen. Drei Privatrezepte für eine Sehhilfenverordnung
mit Zuzahlung. Für einen Button am Mantelkragen als Kennzeichnung meiner Sehbehinderung habe ich mich noch nicht
entscheiden können, auch wenn dieser sinnvoll wäre, wie mir
die liebenswürdige, freundliche, einfühlsame, überaus geduldige
und kompetente Orthoptistin ans Herz legte – auf Rolltreppen, in
der U-Bahn, an Straßenkreuzungen und Fußgängerüberwegen

werde ich laufend für mein vorsichtiges Gehen von eiligen Menschen beschimpft. Mit dieser alltäglichen Erfahrung lebe ich nicht allein. All jene Einschränkungen, die mir meine Regentropfenaugen vorgeben, teile ich mit anderen Sehbehinderten. Es tat meiner Seele gut, offen über Furcht und Zuversicht zu sprechen, persönlich, natürlich, auch faktisch, unsentimental, und ergriffen, berührt, menschlich.

Meine Sehbehinderung ist eine Sehbehinderung. Sie ist kein Leid und kein Makel. Sie fordert von mir neue Sichtweisen, auf die Gegenwart, in die Zukunft. Und sie schaut nicht zurück, nicht anklagend, nicht mich selbst bemitleidend.

Die Orthoptistin empfahl mir den Kontakt zum Sehbehindertenverband. Hier würden immer wieder Informationsveranstaltungen angeboten werden, die für mich hilfreich in Alltag und Beruf wären.

Noch bin ich still, in mich gekehrt, aber erleichtert und zuversichtlich, dass mein NichtSehen, mein AndersSehen nicht das Ende meines Leselebens, meines Schreiblebens sein werden. Für das erste Beratungsgespräch hatte ich eines meiner Lieblingsbücher in die Augenklinik mitgebracht. Mit den Lupen vor den Augen konnte ich die Zeilen wieder lesen – ein AugenBlick, der mich so tief berührte, dass mir Tränen über die Wangen liefen. Die Orthoptistin freute sich sehr mit mir, dass ich mein Sehen als Glück empfinden konnte. Etwas wie Demut und Dankbarkeit fühle ich jetzt. Sprachlos. Weil es kein Wort dafür gibt, was meine Seele sehen lässt.

In einigen Monaten werde ich wieder in der Sehbehindertenambulanz sein, um der mich begleitenden Orthoptistin zu berichten, wie es mir mit meinen neuen Sehhilfen ergeht. Für das Tragen eines Buttons könnte ich dann bereit sein.

Ja. Es ist nun.

21. Mai 2017
So viele Missgeschicke in letzter Zeit ... Ich stolpere, stürze, greife ins Leere, lasse fallen, kippe daneben, werfe um, laufe auf. Es braucht noch Zeit, um mich im Alltäglichen einzurichten. Auch meine Seele ist noch zu verletzlich, zu verwundbar, zu empfindlich, um all die Gedanken, Umwege und Einschränkungen gelassen hinzunehmen. Ich bin oft sehunsicher, was mir Angst und Stress macht, mich ungeduldig werden lässt, ungehalten mir selbst gegenüber. Dann fühle ich mich erbärmlich, muss die Seele wieder aufpäppeln – wertvolle Lebenszeit, die vergeht, in der ich nur um mich selber kreise, statt mich verliebten Träumen und liebenden Gedanken hinzugeben, was nicht das Sehen verbessert, aber heilsamer wäre als jeder Therapiewahnsinn.

Gestern nun der Besuch bei einem Optiker an der Augenklinik. Enttäuschend die Beratung einer älteren Optikerdame, die nur Schlechtes, Unzureichendes von meiner Krankenkasse zu berichten hatte, was ich nicht bestätigen konnte. Mir würde kaum eine Sehhilfe erstattet werden, behauptete die Optikerin vehement, übergriffig, ohne jede Empathie. Dem Eindruck konnte ich mich nicht erwehren, dass sie vielmehr den Schriftverkehr mit meiner Krankenkasse über die Erstattung der Unkosten einer Sehhilfe vermeiden wollte und mir auf eigene, meine Kosten ein mobiles elektronisches Lesegerät verkaufen wollte. Dieses allerdings, ein hochwertiges Gerät im Taschenformat, war ganz vorzüglich, einfach und übersichtlich in der Handhabung. Eine Broschüre dazu steckte ich mir ein, verließ die Optikerin, ohne ihr einen Auftrag erteilt zu haben.

Es scheint mir, dass die Rechtslage über die Erstattung von Sehhilfen im Bereich der Sehbehinderung für Patienten wie mich nicht transparent ist. Jeder sagt und meint etwas anderes, stellt Behauptungen auf wie unverrückbare Fakten, die bei näherer Betrachtung schon am Sockel zu zerbröseln beginnen. Jeder Weg in die Sehbehinderung bleibt nur der eigene, was ich zutiefst traurig finde, und dass so gar nicht meiner Haltung entspricht von Teilhabe und Teilnahme. Zu helfen, zu stützen, zu teilen – dies ist notwendig und müsste selbstverständlich sein für ein gelingendes, ein mitfühlendes Miteinander in allen Lebensbereichen. Und wieder kämpfe ich mich allein durch Wahrheiten und Wirklichkeiten. Sehbehindertenverordnungen.

22. Mai 2017
Von kleinen Horizonten
»Blickpunkt Auge – Rat und Hilfe bei Sehverlust«, ein Angebot des Deutschen Blinden- und Sehbehindertenverbandes. Von der Initiative »Blickpunkt Auge« darf ich morgen eine Beratungsstunde besuchen, für die ich mich telefonisch angemeldet habe. Bereite mich jetzt auf das Gespräch vor, um meine Fragen zu Sehhilfen und anderem aufzulisten, zu ordnen. Aus meiner Erfahrung hat sich ein Spickzettel für Beratungsgespräche, Ambulanzbesuche als hilfreich erwiesen, zumal ich immer auch ein wenig aufgeregt und abgelenkt bin von neuen Gesichtern, fremden Stimmen, unvertrauten Räumen. Ich wünsche mir ein gutes Gespräch, das Perspektiven aufzeigt. Und möchte mit Offenheit den Beratenden begegnen.

24. Mai 2017

Das Vertraute im Erzählen ist auch das Gewohnte. Manchmal fürchte ich, das Sehen dafür könnte mir abhandenkommen, und fühle doch eine sanfte Zuversicht, das Fließen und Schwingen, immer. Das Frohgemute singt wieder in mir. Und Wehmut, die auch schön sein kann ...

Der Sommer wiegt sich ein, das Sehen stolpert noch hinterher. Ein neuer Beratungstermin beim Spezialoptiker, erst Anfang Juni. Ich darf nicht ungeduldig werden, nur das nicht. Im Spiegel schauen mich meine Regentropfenaugen an, als wäre in ihnen nichts geschehen.

Das Selbstbild wird nicht unscharf mit einer Sehschwäche. Ich möchte immer Wert darauflegen, mich gepflegt und hübsch zu kleiden. Auch fein geschminkt zu sein, nur wenig; mein FingerGefühl weiß, wie viel Zart ist.

Und das gestrige Gespräch, nein, das bin ich nicht – mein Weg wird ein anderer sein.

3. Juni 2017

Leben!

Gestern habe ich beim Optiker geweint, ergriffen, überwältigt von einem Gefühlsgemisch aus tiefer Freude, Dankbarkeit und ein bisschen Traurigkeit. »Sie haben schon früh angefangen, jetzt«, sagte der Optiker leise zu mir, lächelte mich an, aus Mitgefühl und Stärke, helfen wollend, helfen könnend.

Nach der Leselupenanprobe, – eine kleine für die Manteltasche steckte ich gleich ein, wie gierig, eine größere Handlupe für unterwegs muss bestellt werden -, schließlich die Anpassung meiner Leselupenbrille, zum langen Genusslesen. Ein hübsches Lesebrillengestell habe ich mir ausgesucht, das nicht an einen Buxtehuder Seniorenverein denken lässt; für Spezialgläser einer Lupenbrille bietet der Sehhilfenmarkt bisher auch nur sechs Modelle an. Meines ist Kirschrot wie mein Lippenstift, mit silbergrauen Flügeln. Es passt gut zu meinen dunkelbraunen Augen, die sich jetzt beim Lesen entspannt zurücklehnen können, auch wenn ich noch sechs Wochen auf die Spezialgläser warten muss.

Eine Kantenfilterbrille für den Sonnenschutz probierte ich aus, als Überzugsbrille. Wunderbar. »Kein Durchwurschteln mehr!«, sagte der liebenswürdige Optiker heiter, bot mir eine Überzugsbrille an, die ich beim Arbeiten am Computer tragen kann. Die Gläser sind zitronengelb getönt, sie filtern das schmerzhafte Blaulicht heraus. »Das ist Nivea für meine Augen!«, rief ich begeistert. Der Optiker freute sich über meine Zustimmung. Schwesterherz meinte amüsiert, ich sähe ziemlich spooky aus. Übermütig entgegnete ich: »So kann ich nach Wacken fahren!« Alle lachten mit mir.

Ich habe lange nicht gelacht, nicht so ausgelassen, zuversichtlich, das Herz übervoll. So bin ich. Und die Scham werde ich überwinden lernen, das fühle ich jetzt.

5. Juni 2017
»Ich schaue mal, was ich höre«

9. Juni 2017
FreuFreiFreutag!
Meine große Lupe liegt zum Abholen bereit...

27. Juni 2017
Mein LeseLebengeschenk
Ein kleines Wunder traf als Postsendung ein, ohne Widerspruch. Meine Krankenkasse übernimmt einen Kostenanteil für meine Leselupenbrille. Dies ist ein großes Geschenk für mich, dass ich in meinem Augentagbuch notieren will, weil mein LeseLeben am Leben bleibt. Noch ein paar wenige Wochen werde ich warten müssen, bis die Spezialgläser geschliffen sind...

Während ich dies aufzeichne, webt sich ein feiner Faden von meinem Augentagebuch in mein LeseLeben, eine zarte Schlinge, nicht zu fest, nicht zu lose, und wieder zurück.

Jetzt wird Alles wieder Eins.

Die Abbildungen auf den Seiten 6 und 13 gehören zu einer Serie Collagen aus japanischen Papieren von Karin C. Inderwisch.